职业教育与教育教学管理建设模式研究

谭 亮 著

中国民族文化出版社
北 京

图书在版编目(CIP)数据

职业教育与教育教学管理建设模式研究／谭亮著.
--北京：中国民族文化出版社有限公司，2024.6（2025.6重印）
　ISBN 978-7-5122-1922-9

　Ⅰ.①职… Ⅱ.①谭… Ⅲ.①高等职业教育-教育管理-研究 Ⅳ.①G718.5

中国国家版本馆 CIP 数据核字(2024)第 109379 号

职业教育与教育教学管理建设模式研究

ZHIYE JIAOYU YU JIAOYU JIAOXUE GUANLI JIANSHE MOSHI YANJIU

作　　者	谭　亮
责任编辑	张　宇
责任校对	杨　仙
出 版 者	中国民族文化出版社　地址：北京市东城区和平里北街14号
	邮编：100013　联系电话：010-84250639　64211754(传真)
印　　装	三河市同力彩印有限公司
开　　本	787mm ×1092mm　1/16
印　　张	8.5
字　　数	140千
版　　次	2025年6月第1版第2次印刷
标准书号	ISBN 978-7-5122-1922-9
定　　价	48.00元

版权所有　侵权必究

前 言

　　习近平总书记一直关注重视我国职业教育的创新发展，与职业教育有不解之缘。1990年6月21日至1996年5月9日，时任福州市委书记的习近平兼任闽江职业大学校长，提出了"不求最大，但求最优，但求适应社会需要"的办学理念，影响深远。习近平指出：学校是培养下一代的重要阵地，我们一定要紧紧把握住现代大学生的特点，以四项基本原则为主导思想，多形式地做好学生的思想政治工作，以爱国主义教育为核心，活跃学生的课外活动，做到教书育人、服务育人、管理育人。习近平强调：闽江大学是职业大学，学校性质本身决定了要注重强化技能训练与动手能力的培养。要把每一位学生造就成多功能应用型人才，与工农相结合是知识分子成才的必由之路。闽大学生应当学好科学知识、学好理论，走出校门、深入社会、深入工农，只有这样才能更好地了解国情、民情，才能把握时代发展的脉搏，才能施展自己的才干。1999年至2002年，时任福建省省长的习近平担任集美大学校董会主席。他七次亲临集美大学，其中三次参加校董会会议，四次带着问题到校调研，为学校的办学定位、思政教育、学科建设、人才培养等工作指明了方向。他说："教育不是象牙之塔，产学研要有机结合，要和实际、和地方相结合，要思考学校存在的价值在哪里，为厦门做了什么。办学要更加密切地和地方联系在一起，更有针对性。"

　　习近平总书记把职业教育提升到了国家战略层面和人类资源建设的规划当中。2014年6月，习近平总书记就加快职业教育发展作出重要指示强调："职业教育是国民教育体系和人力资源开发的重要组成部分，是广大青年打开通往成功成才大门的重要途径，肩负着培养多样化人才、传承技术技能、促进就业创业的重要职责，必须高度重视、加快发展。""要牢牢把握服务发展、促进就业的办学方向，深化体制机制改革，创新各层次各类型职业教育模式，坚持产教融合、校企合作，坚持工学结合、知行合一，引导社会各界特别是行业企业积极支持职业教育，努力建设中国特色职业教育体系。要加大对农村地区、民族地区、贫困地区职业教育支持力度，努力让每个人都有人生出彩的机会。"2019年8月20日，习近平总书记来到甘肃省张掖市山丹培黎学校考察，了解当地职业教育发展情况。

1940年9月，艾黎来到陕西宝鸡一带考察。在秦岭脚下的小镇双石铺创办了双石铺培黎工艺学校，探索适合中国国情的半工半读、手脑并用的新型教育之路，为新中国培养建设技术人才。学校取名"培黎"，既是为了纪念职业教育先驱约瑟夫·贝利，又寓意着为新中国的黎明培育新的建设人才。在培黎学校考察期间，谈到职业教育时，习总书记说："我国经济要靠实体经济作支撑，这就需要大量专业技术人才，需要大批大国工匠。职业教育前景广阔，大有可为！三百六十行，行行出状元。"他提出殷切希望："希望你们继承优良传统，与时俱进……我支持你们！"。

本书得到了教育部教材局张鹏韬博士、北京交通职业技术学院杨国峰副教授、北京经济管理职业学院教务处处长刘文龙教授和北京青年政治学院科研处处长袁光亮教授等的大力支持，在此一并致谢，并对写作过程中引用数据及前人成果的提供者表示感谢。本书的完成是众人心血的结晶，在此我要感谢所有帮助和支持过我的人们。

希望通过本书的出版，能够为政府决策层提供参考，同时也能提高大众对职业教育和教学管理的认识，为我国职业教育建设的发展做出贡献。

由于作者水平有限，书中难免有不足之处，敬请各位专家、老师和广大读者多多批评指正。

作　者

2023年5月

目 录

第 1 章 职业教育概论 ··· 1
  1.1 职业教育发展趋势 ··· 1
  1.2 职业教育的发展历程 ··· 6
  1.3 职业教育的现实意义 ··· 11

第 2 章 教育管理的基础、体制、机制 ··· 13
  2.1 教育管理概述、发展历程、理论基础及目标和任务 ············ 13
  2.2 教育管理的基础 ·· 16
  2.3 教育管理的体制机制 ··· 16
  2.4 教育管理高质量发展 ··· 18
  2.5 教育管理政策、机构设置、人员分类及职责分配 ··············· 19
  2.6 教育管理的治理现代化 ·· 25
  2.7 有效实施教育治理的关键在于治理制度现代化 ·················· 27

第 3 章 高职院校内部管理与教学管理研究 ································· 29
  3.1 国外高职院校内部管理与教学管理模式 ··························· 30
  3.2 国内高职院校内部管理与教学管理模式 ··························· 31
  3.3 高职院校内部管理与教学管理高质量发展模式 ·················· 31
  3.4 高职院校内部管理与教学管理典型特征 ··························· 35

第 4 章 教学管理综述 ··· 40
  4.1 教学管理建设内涵 ··· 40
  4.2 教学管理建设目标 ··· 44
  4.3 教学管理建设类别 ··· 46
  4.4 教学管理规范 ·· 47
  4.5 教学管理机制 ·· 49

第 5 章	专业建设与教材管理建设规范	53
5.1	专业建设与教材管理体系建设	53
5.2	专业建设与教材管理建设新要求	56
5.3	专业建设与教材管理平台建设	61
第 6 章	职业教育与教学管理现状	68
6.1	职业教育与教学管理体系	68
6.2	职业教育与教学管理建设困境	70
6.3	职业教育与教学管理应用现状	72
第 7 章	职业教育与教学管理典型案例	74
7.1	北京青年政治学院典型案例	76
7.2	北京经济管理职业学院典型案例	77
7.3	北京交通职业学院典型案例	78
7.4	黄冈职业技术学院典型案例	80
7.5	金华职业技术学院典型案例	83
7.6	小结	90
第 8 章	职业教育与教学管理建设展望	92
8.1	职业教育与教学管理发展相结合	92
8.2	职业教育与教学管理建设机遇与挑战	95
8.3	职业教育与教学管理建设发展前景展望	99
参考文献		104
附录		106
后记		129

第1章 职业教育概论

2022年4月20日,十三届全国人大常委会第三十四次会议,新修订的《中华人民共和国职业教育法》获得通过。

职业教育是指使受教育者具备从事某种职业或者职业发展所需要的职业道德、科学文化与专业知识、技术技能等综合素质而实施的教育活动。职业教育与普通教育是不同教育类型,具有同等重要地位,是国民教育体系和人力资源开发的重要组成部分,是培养多样化人才、传承技术技能、促进就业创业的重要途径。职业教育是我国教育体系中的重要组成部分,是培养高素质人才的基础工程。

职业教育的目的是培养应用型人才和具有一定文化水平及专业知识技能的社会主义劳动者、社会主义建设者。与普通教育和成人教育相比较,职业教育侧重于实践技能和实际工作能力的培养。

本书以高等职业教育作为切入点开展论述研究。

1.1 职业教育发展趋势

截至2021年4月,我国有职业学校1.13万所,在校生3088万人,职业教育在服务经济社会发展和个人成长成才中发挥了不可替代的重要作用。从《国家职业教育改革实施方案》启动"中国特色高水平高职学校和专业建设计划",到《关于推动现代职业教育高质量发展的意见》等为职业教育发展指明路径,再到新修订的职业教育法明确"职业教育是与普通教育具有同等重要地位的教育类型",职业教育深化改革有了坚实的制度保障。2021年,全国职业教育大会召开,筹划了新时代职业教育发展蓝图。

1.1.1 职业教育的基本问题

1. 职业教育在社会层面认可度需要提升

调查显示，有不少人认为职业教育是末路选择，只有考入本科无望的学生才会选择报读职业院校，从家长到考生一致对职业教育产生抵触心理，抗拒当技术工人，认为难有出头之日，导致职业教育认可度下降，报考职业院校成了考生的无奈之举。

2. 职业教育同产业发展契合度需要整合

职业教育是我国教育体系的重要组成部分，是对推动产业转型升级、科技创新赋能、科技成果转化、技术创新的重要动力，为产业体系高质量发展和跨越式提升蓄力添势。在科技创新的推动下，社会经济得到了突飞猛进的发展，现代化产业体系初步形成，产业结构进一步优化，需求侧多元化日新月异、技术攻坚发生历史性变革，但是职业教育的专业设置、课程体系、实习实训、技能考核、创新能力等与产业发展需求还未能实现有效衔接并达成同频共振的效果，还无法从区域产业定位、产业结构、产业特色等角度及时调整专业设置、技能培育、实习实训、专业技能提升等。

3. 职业教育与人才需求匹配度需要改善

职业教育培育的人才模型及成效与当代企业对人才职业、素养需求还有一定差距，职业教育的学生校内以理论学习为主，车间实习实训为辅，校内期间无法充分得到技能进步、技术革新、技术创新，对专业素养、行业需求缺乏认知和定位，导致职业教育人才与企业需求匹配度低下；部分职业院校与企业签订校企合作协议，也只是纸上谈兵，未能有效实质性落实。

4. 职业教育毕业生的事业成就感普遍不高

职业教育所育之才的获得感、幸福感、荣誉感普遍偏低，与本科生、研究生相比更偏向应用，一定程度上还认为不如脑力劳动者，在车间工作只是工人身份，难以寻求职业光明和走出精彩，职业教育人才无形之中内心背负着一种难以释怀的精神压力和职业束缚，自身专业、技能、创新优势无法发挥和展现。

1.1.2 职业教育的高质量发展

在《现代汉语词典》中,"质量"一词被解释为"物体中所含物质的量,也就是物体惯性的大小;产品或工作的优劣程度"。产品或工作的优劣程度实际上表达的是一种价值或主观感受。基于上述界定,可以把"质量"界定为"有价值的存在"。当然,这一解释会涉及"什么价值""对谁的价值"以及"对什么的价值"等一系列问题。基于此,"质量"缺乏一个全球性的、绝对意义上的、客观的衡量标准,这意味着"质量"的内涵是动态的、相对意义上的和发展变化的。从字面上看,职业教育高质量发展是与职业教育数量型发展相对而言的,是一种更加侧重职业教育"质量"和"内涵"的发展方式。职业教育高质量发展蕴含着对职业教育发展的一种价值期待,随着我国经济社会发展进入新时代,我国职业教育发展也步入新的发展阶段。在新的发展阶段,职业教育应打破注重"规模扩张"的粗放型发展方式,而强调在新发展理念下更加注重质量的发展方式。基于上述分析,职业教育高质量发展主要是指在职业教育进入新的发展阶段,职业教育发展的动力机制、职业教育发展过程的要素结构及特征、职业教育发展目标的最终实现,均典型地表现为"高质量"特征,更加彰显"好"的职业教育的本质特征。

1.1.3 职业教育的特点

全国职业学校共开设1300余个专业和12余万个专业点,基本覆盖了国民经济各领域,有力支撑了我国成为全世界唯一拥有全部工业门类的国家和世界第二大经济体。根据产业布局和行业发展需要,职业教育大力发展先进制造等产业需要的新兴专业。2021年,新版职业教育专业目录发布,首次一体化设计中职、高职专科、高职本科专业体系,共设立19个专业大类、97个专业类、1349个专业,更新幅度超过60%。调查数据显示,在现代制造业、战略性新兴产业和现代服务业等领域,一线新增从业人员70%以上是职业院校的毕业生。完善职业教育和培训体系,需要深化产教融合、校企合作。10年来,我国出台并实施一系列政策,开展现代学徒制、产教融合型城市等试点,建立形成了政府主导、行业指导、企业参与的办学格局。

目前,全国组建了1500多个职业教育集团(联盟),涵盖了企业、学校、行业、科研机构在内的4.5万余家成员单位,形成了资源共享、责任共担、合作发展的具有中国特色的职业教育办学模式。全国培育了3000多家产教融合型企业、试点建设了21个产教融合型城市,构建起以城市为节点、行业为支点、企业为重点的产教融合新模式。

职业教育的基本特征。职业性：就业导向性。社会性：办学的社会性，职业教育办学必须与社会发展相适应。实践性：教学过程具有实践性，培养的人才类型具有实践性的特点。我们要依据职业教育的基本特征来思维、行动、求发展。以高等职业教育为例，高等职业教育有以下特点。

（1）以培养适应生产、建设、管理、服务一线的高素质技能型专门人才为根本任务。

（2）以社会需求为目标、岗位技术要求为主线设计学生的知识、能力、素质结构和培养方案。

（3）以培养学生的技术应用能力为核心构建课程和教学内容体系，基础理论教学以"必需""够用"为度，专业课加强针对性、实用性，实践教学在教学计划中占有较大比例。

（4）以学生"双证书"为培养目标，以"双师型"师资队伍的建设为关键。

（5）产学结合、校企结合是培养高素质技能型专门人才的必由之路。

1.1.4 职业教育支撑经济高质量发展

"实业之所至，即教育之所至。"近代实业家张謇谋求以教育辅助实业的救国思想，到今天仍有重要启迪意义。改革开放以来，我国经济持续快速发展，职业教育功不可没。职业教育是培养技术技能人才、促进就业创业创新、推动中国制造和服务上水平的重要基础，已为各行各业累计培养输送2亿多高素质劳动者。

国家制造业需要的教育就是职业教育，职业教育提供了70%的一线劳动者，职业教育是中国下一阶段发展非常重要的因素。职业教育不管是从育人的角度，还是从新增劳动力的角度都是至关重要的，对支撑我国技术创新和实体经济至关重要。比如在中国西部，贵州铜仁职业学院获批创建国家地方联合工程研究中心，带动了15项农牧升级养殖标准，年产增3000余万，创收近8000万元。

近年来，深圳职业技术学院的毕业生中，超过10%的专科生进入到华为、腾讯、比亚迪等知名企业就业，2020届毕业生就业率达96.97%。海口旅游职业学校与40多家企业缔结校企战略合作关系，争抢进校招聘席位的各类企业达上百家。

"所当乘者势也，不可失者时也。"抢抓机遇，增强职业教育认可度和吸引力，激励更多劳动者特别是青年一代走技能成才、技能报国之路。

1.1.5 首都职业教育趋势

2021年，北京市"十四五"时期教育改革和发展规划（2021—2025年）提出：推进职业教育"高质量、有特色、国际化"发展，7所高职院校入选国家高职教育"双高计划"。

（1）通过高等与中等职业教育协调发展，学生自主学习和发展的能力显著增强。职业教育服务城市发展能力更加高效。职业教育适应性明显增强，"双师型"教师比例达到82%，国际一流的职业院校和特色高水平专业建设取得明显进展，高素质技术技能人才供给能力显著提升，基本建成现代职业教育与培训体系。完善德育一体化实施机制。把立德树人融入思想道德教育、文化知识教育、社会实践教育各环节，贯穿基础教育、职业教育、高等教育各领域。促进职业教育体育课程与职业技能培养相结合。

（2）加快发展以职业教育为主的高中阶段特殊教育，统筹区域内职业教育、校外教育等资源，加强学区内、教育集团(集群、联盟)内、积极面向校外拓展办学资源。深入推进育人方式、办学模式、管理体制和保障机制改革，重点建设12所有特色、高水平的高等职业学校和100个左右骨干特色专业，探索开发与国际先进标准相对接、体现北京特色和水平的职业教育课程体系。优化职普融通人才培养模式。推动具备条件的普通本科高校向应用型转变，鼓励有条件的普通高校开办应用技术类型专业或课程。加强普通中小学生职业体验和动手实践，稳步推进职业教育综合高中班教学。深入推进产教融合校企合作。重点建设100个左右校企共建的"工程师学院"和"大师工作室"。推进具有中国特色、首都特点的学徒制模式改革，探索现代学徒制与1+X证书制度融合的培养模式。

（3）深化"双师型"教师队伍改革，加强企业实践基地和校企合作培养培训基地建设，推动职业院校教师普遍成为"双师型"教师。对接国际先进标准，创新职业教育人才培养模式。进一步完善高等职业教育"文化素质+职业技能"考试招生办法。加强地方教育法规建设，适时制定修订北京市有关学前教育、民办教育、职业教育等方面的法规制度。

"自己所学的专业'很有竞争优势'。"北京市昌平职业学校学前教育专业的学生张佳怡，在谈及自己所学专业的就业前景时信心满满地表示，现在国家对幼儿教师的培养十分重视，加之二胎、三胎的放开，幼儿师资缺口将越来越大。张佳怡所在的学前教育系与北大医疗脑健康深度合作，开设教育康复方向，为特教、儿童康复中心输送优质人才。同时，该系承担"北京农业嘉年华""回天有我"等服务任务，面向中小学开展劳动教育，专业影响力逐步扩大。2021年，昌平职业学校学前教育系就业率高达100%。

1.2 职业教育的发展历程

1.2.1 国外职业教育

西方发达国家职业教育起步较早,已形成较成熟的产教融合人才培养模式基本架构与运行机制。"它山之石,可以攻玉",研究发达国家具有代表性的产教融合架构与运行机制,对促进我国职业教育健康发展具有良好的引导与借鉴意义。

1. 德国"双元制"职业教育基本架构与运行机制

德国"双元制"是世界职业教育领域公认的产教协同育人模式典范,长期以来都是各个国家职业教育的借鉴范本以及研究热点。我国自 20 世纪 90 年代开始通过中德职教项目合作,派遣职业学校(院)校长以及骨干教师等赴德开展专题研修等途径学习与借鉴"双元制"职业教育模式,促进了我国职业教育健康发展。

"双元制"职业教育的典型特征是双重主体育人、受教育者双重身份和双重学习场景。以企业为主体,协同学校同时承担育人任务,构成育人双重主体,受教育者在学校根据联邦州框架教学大纲学习人文素养和专业基础理论知识,在企业根据联邦培训条例学习专业核心课程与实践技能;受教育者同时具有学校学生和企业学徒双重身份,受教育者获得学校颁发的毕业证书和职业教育主管部门发放的职业资格证书后可直接到企业工作。受教育者根据专业授课计划在学校与企业两个学习场景开展不同内容的学习,在企业进行实践技能学习期间由企业支付一定的学徒津贴。该教育模式由企业主导,企业深度参与人才培养全过程,故职业学校可有的放矢地为企业培养专门人才,企业可得到与工作岗位无缝对接的较高水平技术工人,受教育者则真正学到可安身立命的真技能,从而实现互惠多赢。

德国著名教育学家赫尔巴特曾提出"教育性教学"的思想,指出不存在任何"无教育的教学",且"心灵的充实——这应当视为教学的一般结果——比其他任何细枝末节的目标更为重要"。

2. 美国"合作教育"基本架构与运行机制

"合作教育"是将专业人才培养学校理论学习与企业实践训练相结合的一种高等教育策

略。该策略是施耐德(Dean Her-man Schneider)教授于1906年在俄亥俄州辛辛提大学(University of Cincinnati)进行的工科学科领域教学改革实践,即教学过程中将学生分为两组,一组在学校学习专业理论知识,另一组在企业工作,整个教学过程坚持按照一周后两组学生互换原则。1926年,合作教育专业学会成立,施耐德(Dean Her-man Schneider)教授当选为合作学院协会(ACC)第一届主席。1929年,合作学院协会更名为工程教育促进会(TPEE),并在后来作为一个分支纳入美国工程教育协会(ASEE)进行管理;2009年,再次更名为合作与实践教育部(CEED)。该策略由于较好地实现了企业、学校、学生等多方共赢,得到了美国相关政府机构、教育界、企业界的高度重视,到20世纪60年代末,已有140余所大学在工程学科领域开展基于半工半读的合作教育试点,且部分大学选取研究基础较好的非工程学科领域进行了合作教育试点,并取得良好的成效。

为促进合作教育健康、快速发展以及筹措职业教育办学经费,美国合作教育委员会(NCCE)、合作教育协会(CEA)陆续获批成立。同时,首家合作教育培训中心、合作教育杂志社、高等教育法分别于1963年、1964年、1965年成立以及颁布实施。该时期针对合作教育的研究主要涉及个案项目介绍、专业合作模式、课程与师资队伍建设等领域,关于合作教育的理论研究成果迎来井喷,具有代表性的学术著作《工学培育》《合作制度宣言》等陆续出版发行,理论研究成果为合作教育实践提供了指导与动力。

美国教育协会(NEA)曾就"专业化"提出过8项标准:①应属高级心智活动;②应受长时间的专业教育;③应具有专门的知识领域;④应能不断地在职进修;⑤应有健全的专业组织;⑥应以服务社会为目的;⑦应属永久性的职业;⑧应建立并能遵守专业规范或公约。

美国教育领域法律体系较完善,《职业教育法》《卡尔·D. 帕金斯生涯技术教育改进法案》等法律的颁布实施从立法层面明确了行业协会参与职业教育的权力、途径和方法。行业组织主要通过依靠自身影响力、制定技能标准以及与政府互动或参与立法活动等方式吸引企业参加职业教育。经过八九十年代的快速发展,跨入新世纪以后,合作教育已逐渐成熟并得到世界范围内的共鸣与借鉴。

3. 澳大利亚"TAFE"学院基本架构与运行机制

澳大利亚政府于1973年成立Kangan委员会,并将可追溯到20世纪80年代的职业教育正式更名为职业技术与继续教育(Technical And Further Education,简称TAFE),TAFE正式成为澳大利亚教育体系具有举足轻重的组成部分。经过近50年的快速发展,TAFE教育已成为集培训、职业资格认证、继续教育等于一体的综合职业教育培训体系。而作为

TAFE教育的载体，"TAFE"学院已成为与德国"双元制"、美国合作教育等并驾齐驱的职教模式，在保障体系、学分互认和师资建设等领域独具特色。

"TAFE"学院的典型特征之一是具备由政府、行业与学校组成的"三位一体"保障体系。其中，政府为行业技能委员会(ISC)和"TAFE"学院提供政策和资金保障，联邦政府与州政府按照1∶3的比例承担"TAFE"学院建设与运行资金。行业主导职业教育培训包的开发等工作，每个培训包涵盖国家认证部分和非国家认证部分，均要求明确课程、教材、经费预算、学时、场地、考核与评估等要素，具备内容齐全与可执行力较高等特点；行业主导开发的培训包由政府通过市场化手段购入，并由"TAFE"学院负责实施，培训包制度是TAFE教育区别于其他职教模式的显著特征之一。学校根据培训包能力标准要求，协同行业专家共同开发课程与教材并组织教学，教学全过程以能力本位为基础，坚持就业导向原则，强调学以致用与个性化教育，为毕业即就业奠定了良好基础。

"TAFE"学院的另一个典型特征是学分互认机制。一方面，"TAFE"学院与所在州普通高校通过协议可实现学分互认横向融通，如学生在"TAFE"学院毕业后，如果满足"TAFE"学院所在州普通高校对应专业分数要求，可到州内任何一所普通高校研读相关专业，且在"TAFE"学院所获得学分根据协议进行转换，这既可以增加学生受普通高等教育机会，也可有效解决教育资源整合、教育体系融通等热点问题；一方面，不同"TAFE"学院之间具有灵活的学分互认机制，学生在修习完某课程一定的学分后，若对该课程教学内容、教学模式等不满意，可以任意调换至其他"TAFE"学院学习其他课程，学生此前修习的学分仍可获承认，且由联邦政府与州政府承担的学生相关经费随课程调整而转移。以此为背景，"TAFE"学院的学生可根据自己学习情况以及职业定位自主选择学习课程。

"TAFE"学院还有一种典型特征是具有独立有效的第三方评估机制。为了确保"TAFE"学院教育质量，澳大利亚设置了独立于教育部的高等教育质量标准署(The Tertiary Education Quality and Standards Agency，简称TEQSA)，具体负责对涵盖"TAFE"学院的教育机构进行全方位质量监督、控制与审查。此外，各州设置专门第三方评价机构，对教育机构工作成果通过多途径进行评估，全方位监督教育的实施和成效。第三方评价机制对促进"TAFE"学院教育质量既起到了十分重要的作用，也是澳大利亚TAFE能成为全球典型职教模式的关键因素之一。

1.2.2 国内职业教育发展历程

"普通中学多，技术学校少，不适应恢复与发展经济的迫切需要。"1949年，我国各类职业学校加在一起，在校生仅30万人。

20世纪50年代，中国学习苏联开始工业化进程。为了快速填补人才缺口，国家把重心放在培养周期短、人才实用性强的中等职业教育上。中央和地方的工业、交通、农林、财贸等国民经济主管部门，创办了一批中等专业技术学校，培养技术干部和管理干部。劳动部门所属的企业建立技工学校，培养面向生产一线的技术工人。经过几年的建设，一批近代中国所没有的中等地质、矿业、电机电器、铁路交通等学校建立起来。

1996年9月1日开始施行的《中华人民共和国职业教育法》成为我国发展职业教育的重要里程碑。从1978年到2017年，中央层面和与教育有关的国务院组成部门等立法、政策制定主体颁布的各类职业教育政策达690多项，构成完备的职业教育政策体系。2006年11月，教育部正式启动国家示范性高等职业院校建设计划。拟通过实施国家示范性高等职业院校建设计划，找到一条通过职业教育，其中包括高等职业教育来提升国家和民族竞争力，解决发展中国家面临的诸如工业化进程缓慢、就业、贫穷、农村劳动力转移、城市化问题等诸多问题的有效途径。高职教育的发展规模和发展形势尚不适应。

根据教育部等六部门关于印发《职业学校校企合作促进办法》的通知（教职成〔2018〕1号）指出，"企业应当依法履行实施职业教育的义务，利用资本、技术、知识、设施、设备和管理等要素参与校企合作，促进人力资源开发"，并规定企业校企合作的情况要在企业社会责任报告中体现。2018年5月25日北京市教委发布《北京职业教育改革发展行动计划（2018-2020）》；2019年7月10日，国务院发布《国家职业教育改革实施方案》（职教二十条），从国家层面为职业教育的发展指明了方向，2019年，李克强总理就发展现代职业教育做出重要批示，其中特别提出，进一步改革完善职业教育制度体系，积极鼓励企业和社会力量兴办职业教育，推动产教融合。

2021年，习近平总书记对职业教育工作作出重要指示强调，在全面建设社会主义现代化国家新征程中，职业教育前途广阔、大有可为。要坚持党的领导，坚持正确办学方向，坚持立德树人，优化职业教育类型定位，深化产教融合、校企合作，深入推进育人方式、办学模式、管理体制、保障机制改革，稳步发展职业本科教育，建设一批高水平职业院校和专业，推动职普融通，增强职业教育适应性，加快构建现代职业教育体系，培养更多高素质技术技能人才、能工巧匠、大国工匠。各级党委和政府要加大制度创新、政策供给、投入力度，弘扬工匠精神，提高技术技能人才社会地位，为全面建设社会主义现代化国家、实现中华民族伟大复兴的中国梦提供有力的人才和技能支撑。

党的十八大以来，职业教育发展迅速，办学活力不断增强，建成了世界最大规模的职业教育体系，培养了大批高素质技术技能人才，有力支撑了经济社会发展。职业教育要围绕国家发展大局，主动对接创新驱动发展战略，适应供给侧结构性改革，服务民生发展、助力扶贫攻坚，为青少年人生出彩提供更多机会。要坚持立德树人，把社会主义核心价值观教育融入全过程，做好职业启蒙，弘扬工匠精神，加强"双师型"教师队伍建设，提升现代职业教育质量，培育更多新时代的大国工匠、能工巧匠。要深化改革，完善产教融合、校企合作制度，推动一批本科高校向应用型转变，引导行业企业深入参与，推动职业教育引进来、走出去，打造中国职业教育品牌。2017年国家印发《关于深化教育体制机制改革的意见》，对高等职业教育的发展提出了明确目标，要通过工学结合的教学方式培养出德才兼备的高技能人才。当前高等职业教育在育人机制方面仍存在着理论与实践脱节，培养的人才与社会需求有一定差距的现象。高职院校及企业要大力构建德技并修，工学结合的育人机制，紧紧围绕人才培养目标，着力培养学生的工匠精神、职业道德、职业技能和就业能力，推动形成具有中国特色的职业教育特色人才培养模式。

国务院《关于大力推进职业教育改革与发展的决定》《关于大力发展职业教育的决定》《关于加快发展现代职业教育的决定》多次强调以立德树人为职业教育的根本，构建高职教育人才培养的"工学结合、校企合作"的培养模式。《国家职业教育改革实施方案》规定：把发展高等职业教育作为优化高等教育结构和培养大国工匠、能工巧匠的重要方式，促进产教融合校企"双元"育人，坚持知行合一、工学结合。

2020年12月10日，习近平总书记致电全国首届职业技能大赛，说明我国高等职业教育已经进入发展的新阶段，近年来各职业学院秉持"工学结合、德技并修"的理念，积极推进职业教育的发展，探讨"工学结合、德技并修"的新方式和新方法。构建适合高职教育发展的新体制，能够有效地激发高职教育活力，更好地顺应我国高职教育发展要求。因此，要坚持在"工学结合、德技并修"的基础上，完善高职教育办学机制，密切与企业和社会相联合，从而为满足现代高职教育的发展要求奠定良好基础。政府、学校、企业共同投入资金，共同参与培养学生是很多发达国家职业教育成功的经验，只有全社会协同一致，培养出来的学生才能学有所成、学有所用。

2021年，在中国教育行业发展史上，注定是不平凡的一年。在"大国工匠"理念的倡导下，随着《关于推动现代职业教育高质量发展的意见》的发布，现代职业教育成为我国国民教育体系的重要组成部分，肩负着培养多样化人才、传承技术技能、促进就业创业的重要职责。经历了约70年的发展，我国职业教育如今在习近平新时代中国特色社会主义思想指引下迎来了高速增长和行业拐点期。在技术快速革新和社会分工细化的背景下，新的岗位供需、新的产业模式、新的数字化教学正在诞生和演化。

2022年4月20日，第十三届全国人民代表大会常务委员会第三十四次会议通过《中华人民共和国职业教育法》(以下简称《职教法》)修订，自2022年5月1日起施行。这也是该法自1996年颁布施行26年后的首次"大修"。

新《职教法》首次以法律形式提出"建设技能型社会"愿景，新《职业法》充分融入了习近平总书记关于职业教育重要指示精神和党中央、国务院关于职业教育改革发展的政策举措，凝聚着我们党发展职业教育的理论成果和实践经验，是推动实现职业教育制度之治最基本、最稳定、最可靠的保障，保证职业教育重大改革于法有据，确保职业教育改革在法治的轨道上有序快速推进。

1.3 职业教育的现实意义

职业教育与普通教育是两种不同教育类型，具有同等重要地位。推进职业教育高质量发展，就必须打通中职、高职、应用型本科教育乃至专业学位研究生教育的衔接渠道，做好职业教育与继续教育、普通教育的协调发展，搭建起人才成长的桥梁。

只有职业教育与其他类型教育的衔接渠道越来越融通，职业院校毕业生升学和成才通道越来越宽广，职业教育的竞争力和吸引力才能大大增强。

一段时间以来，职业教育领域好消息频传。教育部和广东、浙江两省探索建立"部长+省长"机制，温州、台州每年各投入1亿元专项资金用于推进职业教育一体化，江苏扶持企业和社会力量参与举办各类职业教育……政策红利的不断集聚和释放，为职业教育发展注入了强劲动力。

习近平总书记指出："技术工人队伍是支撑中国制造、中国创造的重要基础，对推动经济高质量发展具有重要作用。"努力培养数以亿计的高素质劳动者和技术技能人才，是推进我国由制造大国向制造强国转变、由中国制造向中国创造转变的必然要求。职业院校培养的学生，是技术技能人才的主要来源，对于提升人力资本质量，推动产业升级和经济高质量发展，具有重要意义。数据显示，各级各类职业院校每年培养毕业生约1000万人，在现代制造业、战略性新兴产业和现代服务业等领域，一线新增从业人员70%以上来自职业院校。同时也要清醒地看到，在全国超2亿的技能劳动者中，高技能人才仅有5000多万人。解决高素质技术技能人才的供需结构性矛盾，亟须职业教育向更高水平迈进。

与其他类型的教育不同，职业教育对外部因素的依赖性更大。推进职业教育高质量发展，需要政府、企业、社会形成合力，为其创造良好的发展环境。各地各部门应从根本上认识职业教育的重要性，加强宏观统筹，将职业教育发展纳入经济社会发展的整体规划，为全面建设社会主义现代化国家提供有力人才保障。从各地的政策举措来看，重视职教、发展职教的氛围正在形成，职业教育得到了更有力的政策支持。

在多种教育形态中，职业教育与经济社会发展关系非常紧密。推进职业教育高质量发展，就要对接产业、优化布局，不断深化供给侧结构性改革。湖南长沙航空职业技术学院取消与市场对接不紧密的专业，构建起少而精的航空特色专业群；上海加紧布局与人工智能、生物医药、养老、护理等新兴产业以及现代服务业相关的职教专业，力图打造精品化职业教育。2021年，全国职业院校共开设1200多个专业和10万个专业点，基本覆盖了国民经济各领域。通过深化产教融合，职业院校与当地经济社会发展同频共振的格局清晰可见。

第 2 章　教育管理的基础、体制、机制

以习近平新时代中国特色社会主义思想为指导，以马克思主义的历史唯物论进行分析，运用马克思主义感性的物质实践活动为第一性的观点考察对教育现象。我们发现，在教育现象中，人们首先从事的是教育活动，教育活动要有序高效地开展，就要建立机构和制度，就形成了教育体制。体制的各个制度，各个机构和各个分子体之间，就形成了教育体制的运行机制。教育体制形成之后，教育体制要从事教育活动，所以就形成了居于教育活动和教育体制之中又不同于教育活动和教育体制的教育机制。教育活动的开展、教育体制的构建和教育机制的运行过程中，要产生一定的观念并依赖于一定的观念，这样就有了一个与教育活动，教育体制、教育机制紧密相连同时又有别于三个范畴的教育观念。

坚持党对教育事业的全面领导，坚持把立德树人作为根本任务，坚持优先发展教育事业，坚持社会主义办学方向，坚持扎根中国大地办教育，坚持以人民为中心发展教育，坚持深化教育改革创新，坚持把服务中华民族伟大复兴作为教育的重要使命，坚持把教师队伍建设作为基础工作。这"九个坚持"，深刻回答了培养什么人、怎样培养人、为谁培养人这一根本问题，思想深刻、内涵丰富，是我们党对我国教育事业规律性认识的深化，是我们党在实践基础上的理论创新成果，是习近平新时代中国特色社会主义思想的重要组成部分，来之不易，必须始终坚持并不断丰富发展。

2.1 教育管理概述、发展历程、理论基础及目标和任务

2.1.1 教育管理概述与发展历程

教育管理就是管理者通过组织协调教育队伍，充分发挥教育人力、财力、物力等信息的作用，利用教育内部各种有利条件，高效率地实现教育管理目标的活动过程，也是国家

对教育系统进行组织协调控制的一系列活动。

教育管理思想，自有教育活动以来就存在。但把教育管理作为专门科学对象进行研究，则是教育管理活动发展到一定阶段才出现的。至于完整的教育管理科学体系，则是与近现代工业化相联系的，是近百年才形成的。

在系统的教育管理学科形成之前，教育实践中就有非常丰富的管理思想和经验。最初，这些经验和思想是与人类生产劳动结合在一起的，人们在劳动过程中，传递管理思想和经验。专门的教育组织，是在原始社会解体奴隶制社会出现时产生的。在教育组织产生的同时，形成了管理教育组织的思想和经验。中国三千年以前就有了"庠""校""学""瞽宗"等专门的教育机构。从西周、春秋战国、秦汉，到唐、宋、元、明、清，学校逐步发展完善，管理思想与经验也逐渐丰富。在《论语》《学记》等古代著作中，教育管理思想随处可见。但是，中国古代的教育管理往往政治与教育不分，以吏为师，既缺乏完善的管理机构，更无专职的管理队伍。教育管理的思想观念散落在各种教育文献之中。

国外的情况也大致如此。19世纪之前，中外各国均无独立教育行政学，教育管理科学处于萌芽状态。

20世纪初，随着工业化的进展，管理科学蓬勃发展。泰勒的科学管理运动及其在教育行政中的运用，推动了教育管理学科的发展。1908年斯奎登与艾伦合著《学校报告与学校效果》，总结了学校借鉴企业管理思想和方法的经验。1901年柏格列的《教室管理》，对学校办学成本进行分析，研究教育投入与产出的关系。

人际关系学说对教育管理也有相当大的影响。美国人纽伦1937年撰文提出学校管理中权威主义的观点，就是将企业管理的方法，移植到教育管理的尝试。1949年，美国人约契在《学校管理与改进人际关系》一书中强调指出，学校是一个复杂的社会群体，管理者职责在于管理过程中促进全体职工的交互作用，也是试图在教育管理中应用企业管理的思想。

以上说明，20世纪前50年，教育管理在"科学管理"和"人际关系"理论的影响下，逐步奠定了理论基础。之后，"终身教育""回归教育""继续教育""开放教育"等教育新观念兴起，教育管理的思想和实践也有了新的发展。其标志是，教育管理思想更趋成熟，教育管理体制更趋完善，对教育管理者素质的要求更趋全面，教育管理科学研究更趋深入，教育管理技术更趋先进。教育管理已进入了现代化的过程。

关于现代教育管理学科研究的对象，目前提法不一，大体有以下几种观点：

第一种：主张研究教育管理现象，以教育管理现象为其研究对象；

第二种：主张研究教育管理过程，以教育管理过程发展的规律为其研究对象；

第三种：主张研究教育管理问题，认为教育管理不是研究现象，也不是研究规律，而是研究教育管理中的问题。

争论虽多，但研究者们比较认同的是，教育管理学是研究教育管理现象及其发展规律的学说。但无论怎么说，教育管理理论生根于教育管理实践，在管理实践中，通过对教育管理现象的研究，探索教育管理的一般规律，揭示教育管理的本质特点，研究制约教育管理的各种因素，分析各种因素之间的关系和教育管理过程的结构、形式，探索教育管理的发展趋势。

2.1.2 教育管理理论基础及目标和任务

1. 对教育管理理论发生重大影响的管理流派主要有5个：

①行政学、法学理论流派（最早提出是施泰因）；②科学管理理论流派（泰勒）；③科层管理理论流派（马克思·韦伯）；④行为科学管理理论流派（梅奥的"霍桑实验"提出的人际关系说是前身）；⑤系统理论流派（德莫克里特）。

2. 教育管理的目标和任务

党从社会主义事业全局出发对我国教育提出的培养人的任务，通过立法程序变成了国家意志。1995年第八届全国人大第三次会议通过的《中华人民共和国教育法》第五条规定："教育必须为社会主义现代化建设服务，必须与生产劳动相结合，培养德、智、体等方面全面发展的社会主义事业的建设者和接班人。"这标志着"社会主义事业的建设者和接班人"成为我国教育方针明确规定的培养目标。随着实践和认识的发展，我国的教育方针后来又增添了新的内容，但是培养"社会主义事业的建设者和接班人"的规定始终没有改变。

坚持中国特色社会主义教育发展道路，加快推进教育现代化，建设教育强国，既要回答培养什么人的问题，又要回答怎样培养人的问题。习近平总书记在全国教育大会上的讲话作出了系统阐述。讲话提出的"培养德智体美劳全面发展的社会主义建设者和接班人"这一重要论断，对培养目标和培养体系作出了新的概括，发展了党的教育方针。

"坚持把立德树人作为根本任务"和"我们的教育必须把培养社会主义建设者和接班人作为根本任务"，是习近平总书记在这一讲话中提出的关于"根本任务"的两个重要论断，是对同一个问题即"我国教育的根本任务是什么"的回答。这表明，我国教育法中规定的"教育应当坚持立德树人"，就是指坚持培养社会主义建设者和接班人。

2.2 教育管理的基础

教育管理的基础可以分为两个方面：教育和管理。其中，教育是教学内容和教学活动的组织和实施，而管理是对教育过程进行计划、组织、领导和控制，以达成预期教育目标的系统性活动。因此，教育管理的基础可以概括为以下几点。

(1)教育理论知识：教育管理者需要具备教育理论知识，了解教育活动的本质、规律和特点，明确教育的目标和意义。只有了解教育的内在逻辑，才能制定出符合教育规律的管理策略。

(2)管理理论知识：教育管理者还需要具备管理理论知识，熟悉管理原理、管理方法和管理技巧，掌握管理的基本要素和流程。只有具备优秀的管理能力，才能更好地管理教育事务、推进教育改革和提高教育质量。

(3)实践经验：教育管理的基础还包括实践经验。教育管理者需要在实践中不断总结、反思，积累丰富的管理经验，并能够把理论与实践有机地结合，不断提高管理水平。

(4)政策法规：教育管理者还需要了解相关的教育政策和法律法规，确保管理活动符合法律法规和政策要求。同时，还需要密切关注国内外最新的教育发展趋势和信息，及时更新管理思路和管理方法。

综上所述，教育管理的基础是教育理论知识、管理理论知识、实践经验以及政策法规等多个方面的综合能力。只有掌握这些基础，才能更好地开展教育管理工作。

2.3 教育管理的体制机制

1949年以来，我国在教育管理体制上曾进行过几次较大规模的调整，1985年出台的《中共中央关于教育体制改革的决定》(以下简称《决定》)从教育管理体制改革入手，为中国教育发展吹响了改革探索的进军号。教育管理体制改革是教育体制改革的重要组成部分，是教育事业发展的重要推手。纵观改革开放40年来我国教育管理体制改革，每一次改革都跟进当时的社会经济发展需要，在计划经济向市场经济转变过程中，在嬗变和阵痛中，以改革突破教育发展瓶颈，激发教育事业发展的生机活力。2010年《国家中长期教育改革和发展规划纲要(2010—2020年)》提出教育管理体制改革的目标是形成政事分开、权责明确、统筹协调、规范有序的教育管理体制，初步提出"管办评分离"。党的十八大以来,"管办评分离"融入了推进国家治理体系和治理能力现代化这个更大的国家治理背景中。2013年党的十八届三中全会做出的《中共中央关于全面深化改革若干重大问题的决定》进一步指出要"深入推进管、办、评分离,扩大省级政府教育统筹权和学校办学自主权,完善学校内部治理结构,强化国家教育督导,委托社会组织开展教育评估监测"。2015年教育部出台了《关于深入推进教育管办评分离 促进政府职能转变的若干意见》,明确了管办评分离的教育行动路线图。2017年,中共中央办公厅、国务院办公厅印发《关于深化教育体制机制改革的意见》,并发出通知,要求各地区各部门结合实际认真贯彻落实。加快构建现代职业教育体系,需要加强高水平职业院校和专业建设。2019年,教育部、财政部启动第一轮"双高计划"建设,支持56个高水平学校建设单位和141个高水平专业群建设单位。

党和国家高度重视教育工作。党的十八大以来,以习近平同志为核心的党中央,坚持把教育摆在优先发展的战略位置,全面深化教育领域综合改革,一批标志性、引领性的改革举措取得明显成效,教育公共服务水平和教育治理能力不断提升,中国特色社会主义教育制度体系进一步完善,我国教育总体发展水平进入世界中上行列,为13亿多人民提供了更好更公平的教育,为经济转型、科技创新、文化繁荣、民生改善、社会和谐提供了有力支撑,中国特色社会主义教育自信不断增强。党的二十大报告提出,坚持以人民为中心发展教育,加快建设高质量教育体系,发展素质教育,促进教育公平。

2.3.1 教育体制的内涵和外延

教育体制是教育机构和教育规范这两个要素的结合体。

其中,教育机构包括教育实施机构和教育管理机构,教育实施机构主要是指各级各类学校,教育管理机构主要包括各级各类教育行政机构和各级各类学校内部的管理机构;教育规范是指建立并维持教育机构正常运转的制度。学校教育机构与一定的规范相结合就形成了各级各类学校教育体制;教育管理机构与一定的规范相结合就形成了各级各类教育管理体制,其中教育行政机构与一定的规范相结合就形成了各级各类教育行政体制;学校内的管理机构与一定的规范相结合,就形成了各级各类学校管理体制。

在教育体制的两个基本要素中,教育机构是教育体制的载体,教育规范是教育体制的核心。在教育体制的两个子系统中,学校教育体制是整个教育体制得以构成和运行的前提;教育管理体制是整个教育体制得以构成和运行的保障。在教育管理体制的两个子系统中,教育行政体制是指国家对宏观教育的管理体制,学校管理体制是指微观教育的管理体制。

2.3.2 教育机制的内涵和外延

教育机制是教育现象各部分之间的相互关系及其运行方式，这些方式主要有如下三种基本类型和九种子类型。一是教育的层次机制，包括宏观、中观、微观三种机制；二是教育的形式机制，包括行政、指导、监督三种机制；三是教育的功能机制包括激励、制约、保障三种机制，整个机制要素构成了教育机制的体系。

处理好各级各类教育体制和教育管理体制关系的机制主要围绕立德树人，培养社会主义的建设者和接班人的主旨，将各级各类的学校教育和各级各类管理体制的关系处理好，来共同完成立德树人的任务。强调既要改革各级各类教育机构，也要改革各级各类教育制度，但主要强调的是教育制度的改革，因为各级各类的教育制度是教育体制的核心。如：义务教育制度、高等教育制度、融合教育制度、民办教育制度、终身教育制度、教师管理制度、教育经费制度、教育宏观管理制度。

2.4 教育管理高质量发展

面对新的百年未有之大变局，新发展理念为我国教育高质量发展指明了方向，提供了方法。新发展理念首先强调以人民为中心的发展观。实现教育高质量发展。

(1) 必须以满足和促进人的全面发展为出发点，着力办好让人民满意的教育。随着教育普及化程度日益提高，过去上学难的问题已基本得到解决，但上好学的问题还没有很好解决。优质教育资源普遍不足，所以，需要不断提高教育质量，提供越来越多和越来越好的教育服务。要坚持教育优先发展战略地位，持续加大教育投入力度，强化"供给侧改革"，为优质教育提供充足的物质和技术保证。

(2) 新发展理念强调协调，要处理好教育系统内外、左右、上下、前后之间的关系，包括东中西部之间、发达地区与落后地区之间、城乡之间、不同群体之间、学校之间、学科专业之间以及政府与学校之间、学校与社会之间、上代与下代之间的平衡与协调，大力促进教育公平，缩小教育差距。要从国情出发，掌握好发展节奏与步骤，充分考虑轻重缓急，平衡好重点建设与一般发展的关系，保持优先发展和头部领先，发挥标杆领航与示范引领作用。

(3) 新发展理念强调贵在创新，要强化教育观念创新、制度创新、体制与机制创新、结构功能创新、内容方法创新，通过综合改革和创新切实提升各级各类学校办学水平和教育教学质量，提高教育综合实力和国际影响力。

（4）按照新发展理念开放共享的要求，各级教育及其机构既要内部开放，构建相互衔接的高质量教育体系和终身教育体系，促进大中小幼教育一体化、普教职教成教一体化、公办民办一体化。同时，又要向系统外开放，整合一切有利于促进教育发展和人的发展的资源与要素，政产学研一体，建立全方位服务教育以及教育全方位服务国家与社会的开放化办学格局。面向国际社会，学习借鉴发达国家教育高质量发展的先进经验，推广中国教育先进理念与成果，树立中国教育国家形象，让教育高质量发展的中国智慧惠及世界。

（5）建立绿色的教育高质量体系，促进教育、经济、社会、文化与人的和谐共生。教育高质量发展必须尊重办学规律、教育规律、人的成长规律，坚决破除以牺牲和损害学生身心发展为代价、为达目的而不择手段高强高压的教育模式，切实贯彻"双减"政策，以新发展理念构建新发展格局。

2.5 教育管理政策、机构设置、人员分类及职责分配

1986年国务院发布《高等教育管理职责暂行规定》，1998年，教育部发布《高等学校教学管理要点》，2007年，教育部发布《关于印发高等学校、义务教育学校、中等职业学校等教育事业单位岗位设置管理的三个指导意见的通知》，2020年，中共中央办公厅 国务院办公厅印发《关于深化新时代教育督导体制机制改革的意见》。

表1 教育管理的三个要素

管理者	正、副校长以及各个职能部门的负责人员，也包括学校的教职员工。
管理手段	包括组织机构和规章制度。目前学校的领导体制是校长负责制。
管理对象	人、财、物、事（工作）、信息、实践和空间等。

学校教育管理的基本内容包括思想品德教育管理、教学工作管理、教务行政管理。思想品德教育管理包括制定学生思想品德教育计划，做好班主任工作，上好政治课，充分发挥共青团和学生会的作用，加强与学生家长及教育机关的联系。教学工作管理是学校管理的核心。它的主要内容包括：抓好教学组织工作、领导教研工作、督促检查和指导教学工作。教务行政管理是指教导处的具体业务工作，主要有招生、编班、排课程表、学籍管理与成绩统计、管理实训室及仪器和编制教务手册等。

下面我们以某高校的教育管理的具体要求看职责分配。

2.5.1　教务科职责

（1）负责下达学期教学任务，审核、批准二级学院上报的教学执行计划，并对执行情况进行检查和督导；

（2）负责学校排课管理，以及调停补课审核等日常教学运行工作，汇总编印学校总课表，保障学校教学正常运行；

（3）负责学校教室的使用与管理工作；

（4）负责组织学校教材征订、发放与退库等教材管理工作，协助财务处做好教材费核算，协助资产处做好教材招标工作；

（5）负责学校期末考试、期初补（缓）考、重修考试等各类考试的组织安排、成绩管理等工作；

（6）负责国家级、省级各类考试（如全国大学英语四、六级考试，专业英语四、八级考试等）的组织安排，以及相关证书（成绩单）的接收和发放工作；

（7）负责学校校历编排工作；

（8）负责教师教学工作量审核工作；

（9）负责毕业生在校处分情况统计工作；

（10）完成学校和教务处交办的其他工作。

2.5.2　教学研究中心职责

（1）研究教育教学规律，了解国内外高校教学改革与人才培养动态信息，开展横向联系，加强信息交流，做好情报资料收集工作，向学院提供国内外有价值的教育教学信息；

（2）根据学校改革与发展实际状况，积极组织或参与教学改革的专题研究，提出教学改革的意见和建议；参与学校教学改革研讨会的筹划、组织与实施工作；

（3）根据社会对人才需求、学校办学定位和发展规划，结合学校办学实际，协助校、处领导制定专业发展规划，负责专业设置及调整、新专业的论证、申报和建设工作；

（4）负责专业人才培养方案的制、修订工作；

（5）负责各级各类本科教学质量工程项目的申报、管理、结题验收等工作；

（6）负责学校教师教学能力提升工作以及教师教学成果的奖励申报、审核与奖励金的发放等工作；

(7)负责与高校联盟、高校教师教学发展联盟等组织的联络工作;

(8)负责教学大纲的执行情况的监督、检查;

(9)完成学校和教务处领导交办的其他工作。

2.5.3 实践教学中心职责

(1)根据有关政策法规,结合学校实际,制定和完善实践教学管理相关规章制度,开展实践教学的调查研究,提出实践教学改革方案,推进实践教学体系改革与建设;

(2)负责全校实验课表的编排汇总,实验教学计划、教学大纲执行情况的监督、检查以及开放实验室管理平台的维护管理工作;

(3)组织开展综合性、设计性和创新性实验项目的论证和遴选;

(4)负责基础实验室的运行和管理;

(5)协同有关部门及二级学院做好校企合作育人、校外实习实训基地、校内实验室及实习实训场所的建设和管理工作;

(6)负责组织开展全校实验室安全检查以及年终实验室安全考评工作;

(7)负责组织督查集中实践教学活动,包括暑期小学期、认知实习、生产实习等;开展学院实践教学特色品牌项目评选工作;

(8)负责组织开展毕业生的毕业实习检查和质量评估;开展毕业设计(论文)的过程管理、质量监控及评估,组织查重工作以及优秀毕业设计(论文)、优秀指导教师的评选工作;

(9)负责实践教学信息收集、整理、统计分析和总结工作;

(10)完成学校和教务处交办的其他工作。

2.5.4 教育技术中心职责

(1)负责学校多媒体教室建设及多媒体教学设备的管理、维护、维修工作,保证教育教学等活动的正常进行;

(2)负责学校信息技术与现代教育技术的应用、推广、培训和服务工作;

(3)积极宣传、推广现代教育的新技术、新成果;

(4)参与学校信息化建设的规划、设计与实施;

(5)完成学校和教务处交办的其他工作。

2.5.5 评估认证科职责

(1)负责跟踪各级教育行政主管部门对教学评估认证的方针政策,了解高等学校评估认证工作最新动态,建立有关教学评估认证的信息资料档案库;
(2)负责组织各级主管部门或者各类权威评估机构实施的本科教学评估、专业认证和专业评估等工作;
(3)负责组织开展校内二级学院教学工作评估、系(教研室)评估、专业评估、课程评估等各类本科教学评估工作;
(4)负责学校本科教学基本状态数据的采集和分析工作,编制学校年度教学质量报告;
(5)完成学校和教务处领导交办的其他工作。

2.5.6 质量管理科职责

(1)负责建立健全学校教学质量监测与保障体系,制定主要教学环节质量标准,及时向学校提出改进的意见与建议;
(2)负责各类教学常规检查、专项检查以及教学事故的初步调查、认定和处理工作;
(3)负责学校学生信息员管理工作;
(4)负责学校学生评教和教师评学工作;
(5)负责开展学校教学质量文化建设,定期发布学校教学质量监控与评价简报;
(6)协助学校督导组做好教学督导工作;
(7)完成学校和教务处领导交办的其他工作。

2.5.7 学籍与学位科职责

(1)负责制定学籍学位管理文件,构建与完善学籍学位信息化管理机制;
(2)负责新生入学资格复查和新生学籍注册、在校生学年注册、毕业注册及学位数据上报工作;
(3)负责学生学业预警以及学生留降级、休学、复学、转学、转专业等学籍异动事宜的办理工作;
(4)负责学生证及火车票优惠卡的管理、毕业生学历图像信息采集等工作;
(5)负责新增学士学位授予专业的申报备案工作;

(6)负责毕业证书、结业证书、肄业证书、学士学位证书及双学士学位证书的资格复审、管理、制作、发放等工作；

(7)负责毕业和学位证明书补办、成绩证明以及学历学位查询等对外服务工作；

(8)负责学生人数统计和高基报表等学生信息的填报工作；

(9)负责学籍学位相关档案管理工作；

(10)完成上级部门和处领导交办的其他工作。

2.5.8　招生办职责

(1)执行教育部有关招生工作的规章，以及主管部门和有关省级招生委员会的补充规定或实施细则，执行学校招生委员会的决定；

(2)根据国家核准的年度招生规模及有关规定编制并报送学校分省分专业招生计划；

(3)制订并向社会公布学校招生章程，负责招生简章、报考指南等宣传材料的拟定、制作，组织开展招生宣传工作；

(4)组织学校对口、专升本招生的报名、考试、阅卷、录取等工作；

(5)制订学校有关招生工作文件，组织实施学校普通高考网上招生录取工作，负责协调和处理学校录取工作中的遗留问题；

(6)协助学生处、二级学院做好新生入学报到工作，协助学籍科做好录取新生入学资格审查工作；

(7)负责招生录取过程中考生及家长的咨询解答、来访接待工作；

(8)收集、统计有关招生数据，编写录取情况分析报告和招生工作总结，整理有关招生工作材料及文书档案；

(9)完成学校和教务处交办的其他工作。

2.5.9　创新创业教育办公室职责

(1)负责组织开展创新创业类课程、实践平台与基地建设工作；

(2)负责创新创业师资队伍建设与管理工作，组织开展各类专题培训和双创教学沙龙等活动；

(3)负责"互联网+"大学生创新创业大赛和其他专业类学科竞赛的组织、实施与管理工作；

(4)负责大学生创新创业训练计划项目管理工作；

(5)负责全校创新创业文化建设工作；

(6)负责大学生创新创业孵化中心日常管理工作；

(7)负责创新创业项目或成果的宣传、推广工作；

(8)负责创新创业实践学分累积与转换工作；

(9)负责创新创业学院网站、大创平台的建设与维护工作；

(10)完成学校和创新创业学院交办的其他工作。

2.5.10 办公室职责

(1)协助处长做好教务处日常具体的行政管理工作；

(2)根据处务会议精神，草拟教务处年度工作计划、工作要点及年终工作总结，组织编辑教学管理文件汇编，协助处领导做好处内人事招聘、考勤与考核等工作；

(3)负责日常来文的登记和传阅及本处日常发文的登记；负责文书、档案的收集、整理和分类归档；信函、报纸的取回和整理；

(4)协助处长做好处内各科室间工作上的联系、协调同校内各部门间的联系工作；

(5)负责教务处的对外宣传、接待、联络及信息反馈工作；对教务处网站进行日常的管理和维护；

(6)负责教务处主办的各种会议的组织安排，并做好文件打印、材料准备及会议记录工作；

(7)负责教务处年度预算的编制、办公用品的采购及财务报账工作；

(8)负责教务处印章管理；

(9)督促教务处各科室相关资料的归档存档工作；

(10)会同其他相关科室，负责组织开展本部门年度考核、教师教学年度考核和院部教学年度考核；

(11)负责教务处资产管理；

(12)完成处领导交办的其他工作。

综上所述，可以看出教育管理处于学校管理的重要核心地位，学校首先应该做好教学服务的工作。教育管理是一项非常重要的工作，它可以帮助学校或教育机构高效地组织和管理各种资源，从而提高教学质量、学生绩效和教师满意度。教育管理水平应从以下几个关键点重点提升：

(1)领导力：一个优秀的教育管理者需要强大的领导力，并且能够激发教师和学生的热情和动力，使他们积极参与到教学过程中来。

（2）教师发展：教育管理者应该关注教师的专业发展，提供培训和支持，以帮助他们将最好的教学方法应用到课堂中来。

（3）学生管理：教育管理者应该制定规范的学生管理政策和程序，确保学生遵守规则并关注学生的全面发展。

（4）资源管理：教育管理者需要合理分配和管理各种教育资源，包括预算、设备和工具等。

（5）数据管理：教育管理者应该了解关键数据，例如学生成绩和教学效果，并将这些数据用于分析和改进教学过程。

总之，一个成功的教育机构需要有一支出色的管理团队，他们应该具备一系列的技能和知识，以确保学生能够取得优秀的成绩并为社会发展服务做出贡献。

2.6 教育管理的治理现代化

习近平总书记指出："随着互联网特别是移动互联网发展，社会治理模式正在从单向管理转向双向互动，从线下转向线上线下融合，从单纯的政府监管向更加注重社会协同治理转变。"面对我国社会治理模式的重大转变，面对新一轮科技革命对教育的冲击，面对统筹国际国内两个大局的需要，新时代我国教育治理面临许多新任务、新要求。

（1）如何更好调动基层积极性，鼓励师生群众充分参与教育治理。在社会治理模式从单向管理转向双向互动的过程中，学校和其他社会组织能力明显不足，难以有效地履行政府让渡出的权能；师生、群众、家庭有序参与教育治理的动力不足；教育决策中对政策执行特别是最小单位参与的重视不够；第三方评估组织往往成为政府机构的附属物、教育管理的局外人、学校发展的旁观者、社会参与的游离方。出现这些问题的主要原因是，学校、专业的社会组织、师生群众、家庭等多样化治理主体的认知、态度和行为方式依然还停留在政府单项管理模式之下，主体的参与意识与主体之间的互动、合作精神尚未完全形成，自治性的集体行动及相应的环境氛围依然不足。

（2）如何处理好教育治理中政府、家庭、学校与社会的关系。在社会治理模式从单纯的政府监管向更加注重社会协同治理转变过程中，政府部门仍然表现出比较明显的管制型政府的角色身份、思想观念和行政文化，在具体微观领域仍采取行政管理方式，管办重合、政校不分、既当运动员又做裁判员的问题依然存在，政府及其职能部门作为教育治理主导者的角色、身份转换尚未真正完成；教育领域多样化主体之间缺乏互动、合作乃至制衡的正式机制与制度；学校、家庭、社会的教育行动目标存在彼此离散的现象，难以满足"双减"等政策背景下教育领域协同育人的要求；学校、教师承担了过多教育教学之外的任务，家庭的教育力量尚未得到科学合理的认识与运用。出现这些问题的主要原因是，在现有的社会规则和制度体系中，政府、学校、社会、家庭的教育权利、义务和责任分配尚不够清楚，管理边界还不够清晰与精细；激发与保障社会组织公益性教育情怀的制度尚需建立；缺乏权利清单治理制度，特别是责任清单、负面清单制度尚需建立。

（3）如何在"双减"背景下搞好学校内部治理。在"双减"政策的背景下，学校如何做好"加法"、如何扩容、如何提质、如何增效等问题亟需解决；同时，教师的权益如何保障也是一个比较突出的问题；此外，家长参与学校各项事务的权利得不到全面保障。出现这些问题的主要原因是，在"双减"背景下，学校尚未建立起一套新的适应"双减"要求的制度保障体系；学校办学缺乏活力，学校自主发展、自我约束机制尚不健全，学校内部治理能力不足、治理结构不够完善，学校内部治理体系中各个主体之间的权责关系还没有完全理顺。

（4）如何治理好校外教育和线上教育的难题。在从线下教育转向线上线下教育融合的大趋势下，学科类培训机构在"营改非"后需要进一步规范经营；实施"双减"以后的学科类家教有待进一步规范；转到地下的隐形变异学科类培训必须严加查处；艺术类培训需要更加有效的规范引导；"互联网+时代"线上教育的监管与治理问题始终没有解决好。出现这些问题的主要原因是，面对校外教育、线上教育的新情况、新问题、新要求，有针对性的教育行政执法制度、依法治教体制机制尚未健全，教育理论与实践中对于校外教育、线上教育与学校教育各自的职能定位认识还不够清楚、不够准确，治理措施缺乏针对性，治理制度体系尚未建立。

（5）如何有效解决教育评价的难题。在国家实施教育评价制度改革并明确提出"破五唯"要求的背景下，唯分数、唯升学、唯文凭、唯论文、唯帽子的顽瘴痼疾在学校、社会乃至部分政府部门中还有市场；教育评价主体单一，缺乏政府、专业机构、家庭和社会组织等多样化主体的参与；学校、学生、教师、家长乃至政府部门等还存在过于追求排名、追求分数等短视行为和实用主义、功利主义倾向。出现这些问题的主要原因是，教育中缺乏科学的立德树人、综合素质评价机制，德智体美劳全面评价制度尚未形成，教师的科学评价素养也需要进一步提高；长期以来奉行的教育评价的结果导向仍然占据主导地位；功利主义、竞争至上的价值观尚未破除。

（6）如何搞好教育综合治理。在全面推进教育治理体系与治理能力现代化的进程中，我国教育供给与需求之间还存在结构性矛盾，就业难和人才短缺并存；政府部门越位、缺位、错位、不到位的现象还在一定程度上存在；政府机构、教育部门在使用学生信息、教育统计数据等方面还不够规范；大中小幼德育教育衔接不够紧密；德智体美劳之间在教育实践中割裂化现象比较突出；处境不利群体使用教育新兴技术接受高质量数字教育方面还存在明显的数字鸿沟。出现这些问题的主要原因是，政府部门之间的跨部门合作机制不够完善，政府与学校在学生信息、教育统计数据使用中的权责和边界比较模糊，在规范区块链实现教育数据共享和建设人才信息电子档案等方面的负面清单制度尚属空白，不良教育舆情事件预防机制尚不健全。

2.7 有效实施教育治理的关键在于治理制度现代化

教育治理强调系统性、整体性和协同性。针对教育治理中的外部治理和内部治理问题，需要摒弃线性思维，避免头痛医头脚痛医脚的碎片化改革倾向，将线性治理转变为综合治理。要抓住教育治理中的根本制度、基本制度、重要制度，建立健全与网络化、数字化、个性化、终身化、智能化教育体系相适应，与"双减"政策目标相契合的，与德智体美劳全面发展目标相一致，覆盖全面、内外配合、上下联动、左右衔接的教育治理制度体系。

(1) 坚持把党对教育事业全面领导制度体系放在首位，发挥政治引领作用。要全面总结与继承百年来我们党办教育的根本经验，坚持马克思主义指导地位，学习贯彻落实习近平总书记关于教育的重要论述，抓住意识形态领导权、党的全面领导制度、教师队伍建设体制机制、大中小相衔接的"五育"并举体制机制、民办教育领域党的领导以及新技术新媒体与数字经济环境下的治理新问题等关键领域与薄弱环节，建立健全党委统一领导、党政齐抓共管、部门各负其责的教育领导体制机制。要在党的全面领导下引领教育治理主体建设与教育治理相适应的认知、文化与环境氛围，建立健全教育综合治理制度体系。

(2) 运用法治思维和法治方式提高教育治理能力，发挥法治保障作用。搞好教育治理，必须加快完善中国特色社会主义教育法律与教育制度体系。需要依据新技术对教育法律、政策和管理的影响作用，制定和修订相关法律法规。加强教育立法研究特别是关于终身学习、招生考试、学校安全、教材管理、教育评价、学制改革等方面的立法研究。完善配套制度建设，强化学校章程建设，建立健全学校自主发展、自我约束机制，明确学校内部治理各主体的权责关系，保障教师权益和家长参与学校治理的权责。尽快出台完善"双减"后校外教育培训管理、在线教育管理、大中小幼教育一体化发展等条例，规范监管"营改非"后的学科类培训机构，坚决查处转到地下的隐形变异学科类培训，加强审核规范艺术类培训机构。建立健全和教育治理体系与治理能力要求相适应的系统完备、科学规范、运行有效的教育法律与教育制度体系。

（3）建立多样化主体有效互动、合作、参与机制，发挥社会协同、公众参与治理的社会基础作用。树立教育治理"一切为了人民、一切依靠人民、为了人民的一切、一切接受人民检验"的理念，建立保障多样化主体参与教育治理的制度与机制。做好非行政权力有效参与教育治理的具体制度安排。理顺政府、社会、学校、家庭之间的关系，及时转换政府及其职能部门在教育治理中的身份、角色，提升基层学校等多样化主体参与治理的积极性和能力，鼓励支持坚持公益性的第三方教育评价机构深度参与教育治理。特别是在"双减"背景下，要建立保障学校提质增效的正式制度体系。建立权责清晰、高效联动、上下贯通、运转灵活的多样化主体之间的互动、合作及监督机制，形成政府依法管理、学校依法办学、社会共同参与的教育治理体系。

（4）全面提升各级各类教育决策与管理人员的综合素质，发挥政府机制的主导作用。教育治理要十分重视干部教育，根据"十四五"教育治理体系与治理能力现代化发展的目标任务要求，面向各级各类教育决策与管理人员，全面实施系统的高级教育培训工作。建立健全干部教育学理论与制度体系，特别是要加强习近平总书记关于教育的重要论述、马克思主义基本原理以及新一轮科技革命前沿技术原理与应用方面的培训，提高教育管理者的科学决策、科学执行与科学评估能力。

（5）充分运用新技术、新媒体探索建立教育治理新制度，发挥现代科技的支撑作用。现代科学技术变革特别是新一轮工业革命深刻改变着教育的模式、形态、内容和学习方式。要加强对新型教育模式的研究和探索，发挥新技术、新媒体的优势，构建"人人皆学、处处能学、时时可学"的服务全民终身学习、促进教育公平的教育体系；探索建设新型学校形态与新型学校制度，改革与完善学校内部治理结构；借助新技术改革教育评价制度，建立综合素质评价机制，采取措施提高教师评价素质；面向学生全面发展，在全面培养的基础上进行全面评价；建立新技术支撑下适应数字经济与网络社会发展的教育治理体系，加快建设与"互联网+教育""物联网+教育""人工智能+教育""区块链+教育"相适应的新型治理模式与治理制度。

第3章　高职院校内部管理与教学管理研究

教育部、财政部印发的《关于实施中国特色高水平高职学校和专业建设计划的意见》(以下简称"双高计划"),明确提出实施中国特色高水平高职学校和专业建设的总体要求、任务内容与保障措施。这不仅是高职教育深入贯彻党的十九大及全国教育大会精神的战略之举,也是落实"中国教育现代化2035"及《国家职业教育改革实施方案》的具体行动。"双高计划"的实施,立足于我国经济社会高质量发展的时代背景,基于高职教育自身发展实际与现实诉求,以立德树人为根本、以提升质量为核心、以内涵式发展为主线、以世界水平的高职学校和专业群建设为抓手,引领改革、支撑发展,从产教融合、师资建设、服务水平等多维度提升高职教育发展质量,有针对性地破解高职教育发展中的瓶颈问题,形成类型教育创新发展的中国模式,打造中国职业教育的国际品牌。

高职教育是一种社会多元主体参与、内部资源与外部资源互为交融的开放式无边界组织模式。"双高计划"以创新、完善体制机制建设为保障,推进产教深度融合、校企全程合作,体现高职教育"高"与"职"的双重属性,彰显其作为类型教育的跨界特点。如果说产教融合等制度建设不断规范、约束、激励、推动高职院校等多元主体以多种形式高水平地参与职业教育,形成命运共同体,那么提升中国特色高水平高职学校的治理水平,完善学校治理制度,则是高职教育积极回应外部诉求、主动应对外在变革、全面顺应发展趋势的自我革新、自我完善与自我提高的"内修"过程。

推进高职院校治理水平的稳步提升,一是要进一步深入优化治理结构,在制度层面平衡利益相关者在权责分配上的正式和非正式之间的关系,使高职院校内部治理的结构合理、责权分明。要逐步赋予高职院校办学自主权、扩大二级院系管理自主权。二是要健全、完善内部治理体系,建立完善的大学章程,充分发挥高职院校理事会、学术委员会、教职工代表大会及跨专业教学组织的职能与作用,实现治理能力现代化。

3.1 国外高职院校内部管理与教学管理模式

发达国家关于高职院校内部管理体系方面的研究起步较早。从20世纪80年代起，以英国、美国为代表的西方国家就开始重视高职院校内部管理工作的推广和建设。以内部管理的质量体系为例，至1993年1月，先后有34个国家加入了"高等教育质量保证机构国际网络"组织。该组织积极推动各成员国结合本国实际建立与国情相适应的质量保证体系。

1993年5月，联合国教科文组织在罗马尼亚召开了主题为"质量保证政策与高等教育院校鉴定"国际高级专家咨询会议，就高等院校教育质量管理途径和实施办法展开了深入的交流和研讨。英国据此制定了本国的高校质量管理模式和建设指南，得到了国际教育界的广泛认可和肯定。此后几年中，其他欧美国家的高校也纷纷建立了类似的质量管理体系，高等教育质量从根本上得到了保证和提升。

英国的高等教育有800多年历史，是西方高等教育最发达国家之一。1997年，为了向本国的高等教育提供更加全面的质量保证服务，英国将其高等教育基金委员会和高等教育质量委员会合并，成立了"高等教育质量保证署(Quality Assurance Agencyin Higher Education，简称QAA)"。QAA是一个独立的高等教育评估机构，其使命是向英国高校提供完整的质量保证服务，以保证和提高课堂教学质量，促进高校教育质量管理工作的持续改进和提升。

美国职业教育没有形成明确的内部管理标准，政府对职业院校的教学管理评价起着监督与服务的作用。其内部管理的控制主要是由民间的高等教育认证委员会和官方的联邦教育部认可的认证机构对各职业院校开展院校认证和专业认证，各州政府也自发对高等学校实施课堂教学管理评估，该工作常与认证工作合并进行，以免重复。

日本职业院校的教学管理评价起初是由内部评价与外部评价共同组成的双轨式评价模式。内部评价是以高校作为评价主体，通过建立内部评价机构对学校的教学工作开展全面、系统性的自我评价；外部评价则是以校外人士作为评价主体，对学校的教学工作进行全面的质量评价。2004年，日本又正式启动了高等教育机构的第三方评价机制，由独立于政府和教育界之外的认证机构作为第三方评价机构，以此确保对大学评价的客观、公正与公平。

3.2 国内高职院校内部管理与教学管理模式

从20世纪末至今，经过20多年的快速发展，中国高职教育已经从外延生存发展到内涵高质量发展阶段。中国学者从20世纪90年代末开始探索构建高职教育质量保证体系，通过学习、借鉴发达国家先进经验，提出了构建具有中国特色的内部质量保证体系设想，并借助管理学、教育学等基础理论，进行了理论创新和实践探索。

2004年，国家启动了高职高专院校办学水平评估，教学诊断与改进制度应运而生。2015年到2017年间，教育部连续颁发文件，大力推进我国职业院校教学诊断与改进工作，充分表明国家对此项工作的重视程度和全面推进的决心。

从2015年底到2016年，部分高职院校、职教研究所及政府相关部门陆续开展了内部质量保证体系诊改工作的探索与实践，但对于高职院校内部质量保证体系诊改工作的体制机制及运行模式等建设工作，还缺乏相关的理论和实践探索。

2019年2月，以全力提升职业教育质量为鲜明特征的《国家职业教育改革实施方案》正式发布，从国家层面确立了一系列深化职业教育改革的重大制度设计和政策举措，我国的职业教育事业迎来了前所未有的发展机遇。在此背景下，继续领会教育部出台的《关于印发〈高等职业院校内部质量保证体系诊断与改进指导方案(试行)〉启动相关工作的通知》等文件精神，构建和完善高职院校的内部质量保证体系，形成有效的诊断与改进运行机制，既可以促使高职院校充分发挥作为质量生成的主体责任，加大内部治理力度，增强高职院校的核心竞争力，也能够促进高职院校人才培养质量的持续提升，增加高职教育的吸引力。

3.3 高职院校内部管理与教学管理高质量发展模式

内部治理体系结构关乎教学的管理体制机制、治理模式及其机制的附着或落地，以及治理形态的支撑。进入21世纪，高职院校内部治理实践已经出现过多种治理模式、治理机制和治理形态，其内部治理体系结构各不相同。目前，我国高职院校内部治理体系结构主要有三个类型，且都存在不适应或者不完全适应的问题，有待优化创新。从理论上看，高职院校内部治理体系结构优化本质上是内部治理要素及其关系结构的变革，而内部治理又体现为三链融合的治理或者四链多触点衔接的治理，因而其体系结构的基本框架包括高职院校的组织管理制度体系、机构体系、运行机制，主要由治理主体、治理机制、共同事务及公共空间等要素构成。从实践来说，内部治理体系结构优化重点是高职院校所属治理圈内外层主体关系变革、治理机制的组合调整与单个创新、内部共同事务及公共空间的改进。以高职院校内部的一个类型现代产业学院为例，现代产业学院也是培养适应和引领现代产业发展的高素质应用型人才的新型教育组织模式，其建设过程可以看作是不同属性、不同利益诉求的相关参与主体通过一定的媒介结成的协作关系。有学者将现代产业学院协同共建问题置于共生理论的解释框架内进行探讨，提出打造现代产业学院协同共建命运共同体、优化协同共建的物质传导机制、创新理想共生模式以及营造优质的共生环境策略，旨在为解决目前存在的现代产业学院合作共建动力不足、资源传导通道不畅、利益分配机制失衡、政策主导效力较弱问题提供新的思路和路径选择。在校企合作育人模式方面，"岗课赛证"综合育人是在"职普融通、知行合一、工学结合"基础上形成的个性化技术技能人才培养模式，是强化职业教育类型特色的显著标志，重在破解职业教育育人方式难题，解决职校生"学什么"和"怎么学"的问题，有助于培养更多高素质技术技能人才。有学者提出，"岗课赛证"综合育人使课程教学"理实一体"充满活力，通过"学练赛考"促进德技并修、理实并重、手脑并用、工学结合，有利于强化职业教育类型特色、增强职业教育适应性、提高职业教育技术含量、扎紧产教融合校企合作纽带、提高学生职业综合素质和行动能力。为推动"岗课赛证"综合育人，需要明晰其基本理念、内容要素，一体化设计"对接整合、重构再造、转换转化"的融通机制，融入技术技能人才培养方案、研制理实一体的实操性教材、造就能说会做善导的"双师型"教师、推行手脑并用的示范性教学，推进职业教育育人方式创新，全面提高技术技能人才培养质量。

"推进高等职业教育高质量发展"是《国家职业教育改革实施方案》明确提出的重要任务。"双高计划"作为落实职业教育改革的"先手棋"，将汇集高职战线的精锐之师，打造高质量发展的"第一梯队"。在规划"双高计划"建设蓝图时，高职学校应坚持质量导向，深刻把握"引领改革、支撑发展、中国特色、世界水平"的质量内涵，科学设计建设路径，精准指向引领高质量发展的核心目标。

3.3.1 以创新驱动高质量发展，承担"引领改革"的重任

"双高计划"既是高职教育改革步入深水区的攻坚之战，也是改革迈向升级版的开拓之举。一方面，经过国家示范性高职院校建设计划、高等职业教育创新发展行动计划等项目的深入建设，我国高职教育的发展理念、目标、模式、路径等均趋成熟，而制约高质量发

展的瓶颈问题日益凸显，需要通过"双高计划"攻坚克难、清除顽疾。另一方面，"双高计划"的实施基于我国经济由高速增长阶段转向高质量发展阶段的时代背景，是新时代加快人力资源供给侧结构性改革的重要举措，这必然带来新的挑战，诸如1+X证书制度试点、育训并举开放办学格局的建立等，都是在"双高计划"建设中需要深入探索的领域。

对于旧问题，要有新视角。如企业参与育人动力不足的根本性难题，除了体制机制的因素外，还要考虑企业自身的发展阶段、企业对合作利益的诉求等因素。南京信息职业技术学院通过与行业大企名企共建产业学院和技术服务平台，既在专业建设上发挥行业领军企业技术先进、资源丰富的优势，又通过技术服务汇集广大中小企业，为合作企业拓展下游客户，为人才培养提供岗位资源，从而构建优势互补、各尽所长、各取所需的校企合作良性生态。

对于新挑战，要能跳出旧框框。如1+X证书制度的实施，就不能简单沿用原来"双证书"制度的做法。南京信息职业技术学院将在专业群设立1+X证书中心，在参与标准制定、开发分级证书课程、建设相应的师资团队、面向社会开展证书培训、帮助学生获取多个职业技能等级证书等方面，系统开展工作。

3.3.2 以高效的服务供给，彰显"支撑发展"的价值

有效供给的增长是高质量发展的特征之一。高职教育提高有效供给的重点是提高人才培养和技术服务质量，关键在于专业群、课程和教师队伍。

专业群要面向高端产业和产业高端，契合产业的发展趋势和需求，让人才培养更有前瞻性和针对性。根据江苏打造"网络强省"和"制造强省"的需求，南京信息职业技术学院确定了通信技术专业群和电子产品质量检测专业群进行重点建设。前者培养信息通信技术复合型人才，为即将爆发的5G时代智慧产业提供支撑；后者培养"懂质量的制造人才"和"懂制造的质量管理人才"，为信息制造业的提质增效提供支撑。

课程要强调先进性和有效性。先进性通过及时对接工作领域的发展得到保持，有效性则通过扎实推进"三教"改革得到提升。南京信息职业技术学院对课程提出了五个方面的要求，即触动心灵的价值引领、联动岗位的教学内容、行动导向的教学设计、互动互促的课堂生态、移动泛在的学习方式，将全面开展"动课工程"，推动课程质量整体升级。

教师队伍是高职学校提高有效供给的基础，但也是短板所在，需要以课程改革为引擎，在机制完善、结构优化、组织变革和能力提升四个方面下功夫，推动跨专业教学团队建设和教学创新能力提高。

3.3.3 以鲜明的类型特色，诠释高质量发展的厚度

《国家职业教育改革实施方案》开宗明义，强调了职业教育作为类型教育的定位；"双高计划"提出到2035年要"形成中国特色职业教育发展模式"。国家示范性高职院校建设计划实施以来，经过十余年的砥砺前行，高职教育已经初步形成了以产教融合为特色的办学理念，并且在办学模式、培养模式、课程开发、教学模式、实训条件建设、师资队伍建设、质量保障等方面，积淀了不少特色做法，产生了一批固化成果。但是从形成中国特色职业教育发展模式的要求来看，这些成果大多还只是停留于办学链条上的局部环节，成熟度、深广度、系统性、覆盖面等都还不足以支撑起职业教育作为一个类型的特色发展模式。

"双高计划"就是要推动已有改革基础的院校，以服务宗旨、就业导向、产教融合、校企合作、双元育人、工学结合、德技并修、育训并举、技术创新等为关键词，探索形成职业教育发展的整体逻辑和系统特征，犹如将散落的明珠穿成璀璨的珠链，做好各个环节的提优深化和补缺创新，形成融合协同的全套机制，使职业教育成为与普通教育区分明显、各有所长的教育类型。

3.3.4 以放眼世界的建设视野，实现高质量发展的高度

"双高计划"将建设高度定位于"世界水平"，到2035年的目标更是定位于"国际先进水平"。我们要深刻认识到，"双高计划"中的国际化，并非简单的"引进来"与"走出去"。"世界水平"要体现在参与国际职业教育标准制定的话语权上；体现在对国际优质职教资源学习、借鉴、消化、创新的开放性上；体现在人才培养方案、课程体系、教学资源的国际通用性上；体现在专业群带头人的国际影响力上；体现在伴随企业"走出去"的人才供给和技术服务能力上。

推动相关专业标准、课程标准和教学资源的交流学习和共建共享；组建"电子信息涉外技术服务中心"，为区域中小企业在欧盟和东盟的工程项目提供技术服务。以世界眼光、国际高度来推进学校的人才培养和技术服务。

3.4 高职院校内部管理与教学管理典型特征

《职业教育提质培优行动计划(2020—2023年)》提出"健全职业院校内部治理结构，深入推进职业院校教学工作诊断与改进制度建设，切实发挥院校质量保证主体作用"。职业院校内部治理和教学工作诊断与改进(以下简称"教学诊改")是职业院校高质量发展的基础与前提。两者虽都指向办学质量的提升，但同频共振、联动发力才能实现效能最大化。健全院校内部治理结构，立章建制、合理分工，能激发办学积极性、主动性，提高自主办学的能力，提升办学质量；深入推进教学诊改制度建设，则能有效提升院校自主办学、自主发展的能力，充分彰显内部治理的价值和意义，使内部治理结构效用最大化，推动职业院校高质量发展。

内部管理是院校各利益方通过建立合作关系以及确定的共同目标，对院校公共事务的协同参与，是一个自下而上、多元相互的持续过程。内部管理就其实质而言，就是通过运用制度、机制等方式来协调和处理院校事务，使院校内部多元利益主体之间基于利益与权力分配而趋于持续的合作。

教学管理是院校根据自身办学理念、办学定位、人才培养目标，聚焦专业设置与条件、教师队伍与建设、课堂教学与实践、院校管理与制度、校企合作与创新、质量监控与成效等人才培养工作要素，查找不足与完善提高的工作过程。

内部管理和教学管理就其内容看，具有共同的理念认同、价值主张和实践路径。

(1)自主性。自主发展是内部管理、教学管理在院校教育教学行为原则上的共性特点。内部管理是基于院校发展，运用制度、机制等来协调各利益方关系，自主处理以教书育人为中心环节的院校事务，依据具体校情谋求院校发展的过程。教学管理是基于院校教学现状，旨在提升教学质量，以院校、专业、课程、教师、学生为主体而开展的自我提升行动，是这五个层面主体对照相应的目标和标准，主动寻找不足，进而采取相应举措进行改进的过程。其目标自己设置，标准自己认可，问题自己寻找，改进自我运作；专业自主设置，课程自主优化，教师自主教学，学生自主学习。可见，无论是内部管理，还是教学管理，都是从院校实际出发，基于院校质量提升和可持续发展的自主作为。

(2)全员性。全员参与是内部管理和教学管理在工作主体上的共同要求。内部管理是自下而上对院校事务管理的聚焦，是致力于激发本校师生员工参与院校事务处理的抓手，是对传统的少数人自上而下进行管理的方式革新。教学管理是基于院校、专业、课程、教师和学生五个层面，每个层面的对标、找差、改进都由本层面的工作主体来完成。即专业管理由本专业所有师生进行，课程管理由本门课程所有任课教师共同承担，院校层面的教学管理由院校所有师生员工共同参与。判断一所院校教学管理质量如何，其依据之一就是师生的参与程度。只有全员参与，内部管理才能真正做到聚集共识、协力育人，教学管理才能真正促进内涵发展。

（3）内在性。内在性是内部管理和教学管理在工作重心上的共同特征。内部管理从其特质看，就是基于院校内部、自下而上参与院校事务工作的方式，是激发师生员工关注院校发展积极性、主动性、创新性的有效举措。教学管理是通过目标、标准与教育教学现状的对比，找出院校发展中的不足，进而通过强弱项、补短板，培植院校内生发展力量，不同于以外部资源为主的外延式发展路径。内部管理和教学管理的运作动因都是基于内因是发展的依据、外因是发展的条件这一哲理，都是把院校发展的根本力量寄托于本校师生员工，都是聚焦于内涵发展、着眼于院校自强，力图通过自身发展达到可持续发展的目的。

（4）规范性。规范性是内部管理和教学管理在工作方式上的共同特征。规范性就是要求基于制度形式明确的工作准则、工作流程、工作要求进行工作的过程。内部管理主张以制度建设为核心，优化内部管理结构。院校办学首先要建立章程、明确管理模式和工作流程，完善现代职业院校制度体系，规范院校教育教学秩序，使院校各项工作有法可依、有章可循，保证院校人才培养工作有序运行，做到院校决策能集思广益、教育能齐心协力、教学能有条不紊。教学管理要求院校通过制度建设明确工作目标、制定或认定工作标准，以此规范教学、规范管理、规范育人，达到提高教学质量的目的。内部管理、教学管理都是以制度建设为核心、以工作标准为规范、以有序运作为主张，以此来协调工作、推进发展。

3.4.1 内部管理与教学管理的相承互补

新时代职业教育的高质量发展，既需要职业院校内部管理能力的强化和完善，也需要教学管理制度建设的推进和深入。内部管理和教学管理作用的发挥、效能的彰显，离不开彼此的配合、协调、支持，两者相得益彰、相倚为强。

（1）内部管理结构的健全能为教学管理的深入推进提供不可或缺的环境、基础和动力。目前，教学管理的深入推进面临着系列障碍。一是思想障碍。教学管理的特质不是总结经验、汇报成绩，而是主动寻找问题、分析问题，但受"报喜不报忧""家丑不可外扬"等心态的影响，有些院校不太愿意主动将自身的问题暴露或公开。二是认识障碍。教学管理是新时代质量提升的新尝试，与传统的工作思维、工作理念、工作习惯、工作方法不同，对其认知和熟悉还需要一个过程。三是基础条件障碍。教学管理的工作要求比较规范，目标标准体系的打造、纵向工作系统的梳理、数据平台的建构、自主发展意识的确立、自我改进能力的提升等基础条件许多院校目前还不具备。解决这些困难，充分发挥教学管理对促进院校教育教学质量提升的推进作用，完善院校内部管理无疑是最好的举措。通过内部管理结构的完善，改变院校被动应付多、主动工作少的习惯意识和应对上级要求多、顾及师生发展少的传统习惯，致力于内力的培植、关系的协调、质量的提升；通过办学自主权的合理应用，盘活资源，强弱补短，夯实高质量发展的基础；通过职责的明确和细化，监测预警的建构和实施，及时发现问题，改进工作，拨正高质量发展的航向，保证院校可持续发展的实现。而这一切都为教学管理制度建设的深入推进夯实了基础、强化了条件、优化了环境。

（2）教学管理制度建设的深入推进有利于内部管理结构的优化。教学管理制度的建设不但有助于内部管理工作机制的建构和工作体系打造，发挥内部管理对院校教育教学质量提升的规划作用、可持续发展的引领作用；还有助于内部管理结构基础的夯实和条件的优化，特别是理念的建构、能力的加强，为高质量发展凝聚共识、强化条件。对于院校内部管理结构完善来说，最大的困难既不在于顶层设计，也不在于过程把握，而在于构建自主发展的自信、自主发展的能力。多年来，职业院校自主权的缺失弱化了院校自主发展的信心，也对自我发展能力的建设产生了畏惧，而通过教学管理的推进、实施，能引领院校重建发展自信、强化发展能力，从而为内部管理结构的完善夯实理念和能力的基础。

（3）教学管理工作的实施充分彰显了内部管理结构完善的价值和意义。健全院校内部管理结构，其目的不是建立一个模式新颖、功能完备、理念先进的管理系统，而是通过内部管理结构的完善，深化供给侧结构性改革，提高教育教学质量，使院校的教育教学能更好地满足经济社会发展和学生发展需求，增强职业教育吸引力和社会满意度，而教学管理工作有助于内部管理结构完善目的的实现。通过教学管理的深入推进，主动谋求院校教育教学弱项强化、短板拉长、问题改进、优势张扬，进而盘活存量、优化资源，整体营造院校教书育人环境；通过师生员工质量意识的建构、教师教学能力的提升、学生主动学习意识的激发，有效提升教育教学质量、人才培养质量，实现完善内部管理结构的目的。内部管理和教学管理对于职业院校高质量发展来说，一个都不能少，一个都不能短，一个都不能弱。职业院校要从高质量发展的时代背景、基础条件、运作模式、工作重点出发，正确处理好内部管理与教学管理的关系。通过内部管理结构的完善，为院校、专业、课程、教师和学生五个层面质量主体依据院校章程行使教育教学和管理的自主权创造条件，形成支撑；通过教学管理的深入推进，进一步夯实内部管理的理念基础和能力基础，更好地彰显内部管理的内在价值。

3.4.2 内部管理与教学管理的整合发力

内部管理与教学管理在教育教学质量提升过程中能相辅相成、互助互补，通过内部管理结构的完善，形成健全的教育教学制度、组织和运行机制，为教学管理的深入推进创设不可或缺的制度、组织和运行基础；教学管理的深入推进，能充分彰显内部管理结构的制度优势、机制优势和完善价值。二者效能的整合发力，能进一步提升工作绩效，加快职业院校高质量发展的行进步伐。

（1）内部管理聚焦的建章立制与教学管理目标为导向打造的协力运作，能为高质量发展建构强有力的制度支撑。以高质量发展为目标，意味着要依据现代质量理念、模式和建设路径，对院校教育教学制度进行梳理、整合和创新，特别是从内涵发展需要出发进行完善，改变原有制度大都侧重于外延发展的现状，而内部管理建章立制与教学管理打造的协力运作，能完善基于高质量发展需要的教育教学制度体系。内部管理结构就其内容而言，首要的是对未来发展方向、发展目标、发展规范的顶层设计，使规划有章程、执行有规矩、评价有分寸、奖惩有依据。而建哪些章、立哪些制、纲目如何确定，在具体实践中许多职业院校大都参照普通院校运行模式进行运作。从其育人效果来看，存在工作不到位、缺乏针对性和有效性的现象。另外，建章立制大都聚焦于标准，而对目标与标准的对应性存有疏忽现象。事实上，对于引领学生走向工作体系的职业教育院校来说，要服务好行业、企业和学生的发展，既需要标准的规范，也需要目标的引领、目标与标准的对应。对院校、专业、课程、教师、学生五个层面系列工作目标、工作标准进行的设立、制定或认定，是院校教学管理工作的第一步。对照教学工作目标、标准审视教学工作现状，寻找问题，加以改进，是教学管理的整体工作流程。目标的确立、标准的确定就其性质而言，属于院校层面对未来发展的规划。发展离不开目标、标准，但如何使两者在院校教育教学过程中发挥作用，则应上升到"章""制"的高度，否则可有可无、自我取舍，则无法引领发展。建章立制与"两链"打造的协力运作，有助于解决教学管理单线运作、孤军深入所带来的不足。从建章立制切入，提升刚性，确保规范教学、规范管理；围绕教学管理所需的规章制度进行建章立制，能引领院校基于职业教育的类型特征进行创新，为高质量发展夯实基础。另外，"两链"打造虽然是院校层面整体工作设计的部分内容，但由于目标、标准的引领性地位和基础性作用，能对院校内部管理结构完善不可忽视的制度设计、工作规划、职责明确起到引领作用。

（2）内部管理主张的科学分工与教学管理"五层并举"要求的有效融合，能为高质量发展夯实基础。内部管理要求管理权限下沉，每一层面工作主体都具有相应的工作自主权，而工作自主权是否到位，不在于形式上的有无，而要通过权力的下放，促进教育教学质量的提升，否则完善内部管理结构也就失去了意义。要保证下沉的自主权能有效作用于教育教学质量的提升，需要对工作项目进行科学分工、明晰职责。如何做到科学分工、有效分工，对于职业院校质量提升来说是一个全新命题。教学管理工作要求的院校、专业、课程、教师、学生五个层面，是依据质量生成规律和教学管理的实际状态，基于质量提升的根本要求，本着上下贯通、多维一体的原则提出来的。这一设计打破了单纯围绕一个或两个层面谋划质量提升的习惯做法，围绕院校如何谋、专业如何建、课程如何教、教师如何引、学生如何学五大主题，以自主诊断、自我改进为抓手，实现教学质量的整体提升。内部管理的科学分工与教学管理的"五层并举"联手运作，有助于整体工作效率的提升。一方面通过科学分工，明确全体师生员工高质量发展的职责、任务，将教师如何教、学生如何学引领到高质量发展体系之中，形成质量提升的整体合力，夯实高质量发展的力量基础。另一方面，通过"五层并举"，明确院校层面之外的专业、课程、教师、学生在质量提升中的职责与责任，能有效促进院校、专业、课程、教师、学生五个层面工作主体目标意识、标准意识、问题意识的建构，能有效提升院校统筹能力、专业建设能力、课程教学能力、课堂教学能力、学生学习能力，为院校高质量发展建构强有力的工作基础。

（3）内部管理强调的规范运作与教学管理的有效整合，能为高质量发展建构良性工作机制。内部管理就其目标而言，就是引导师生员工建构主体意识、责任意识、反思意识和问题意识，就是引导师生员工依据目标、标准主动自觉开展工作，就是实现人才培养工作中计划实施与过程监测的并轨，就是师生员工教书育人能力有效运作与内在潜力挖掘的同向同行。单一的规范运作只是群体工作一般要求的泛泛而谈，对教育教学指向性的要求不太明确，对质量提升的推进作用也不太显著。将知识数字经济时代的工作方式、网络信息技术提供的科技融合于教学管理之中，形成紧密配合、叠加运行的教学管理运作方式，能有效落实院校教学质量提升举措。教学管理基础性的工作，负责管理过程中"目标—标准—设计—组织—实施（检测、预警、改进）"，能为质量提升创造条件；教学管理关键性的工作、实质性的工作，负责"诊断—激励—学习—创新—改进"，能通过问题改进有效提升质量；一个完整的工作流程，是通过问题寻找、问题改进提升质量的过程；对进行中的工作及时改进的过程，反映的是质量生成过程中对发现的问题限时改进的过程，能保证质量顺利生成、有效生成。内部管理规范运作为教学管理的建构提供了制度保证，教学管理的建构为内部管理规范运作充实了内容，两者的有效整合，更有利于新时代教育教学质量的有效提升。

第4章 教学管理综述

高等职业教育是现代教育体系的重要组成部分，是以就业为导向的高等院校。通过对高职院校教学管理的探讨，进一步明确了高职院校教学管理工作发展和提高教育质量的重要性。加强思想政治教育和价值引领，贯彻中共中央办公厅、国务院办公厅《关于深化新时代学校思想政治理论课改革创新的若干意见》，严格落实《新时代高校思想政治理论课教学工作基本要求》，开齐开足思想政治理论课。充分发挥课堂教学主渠道作用，确保各类课程都要与思想政治理论课同向同行，形成协同效应。

创新课程思政教学模式，积极开展实践教学，立足实际开设有关选修课程，确保思想政治教育取得实效。统筹推进针对各类生源的"三全育人"综合改革，强化职业素养养成和技术技能积累，将专业精神、职业精神和工匠精神融入人才培养全过程。悉心关注扩招生源的思想动态，深入细致做好引导和服务。

4.1 教学管理建设内涵

教学管理是保障高职院校教育教学活动得以落实的重要手段，教学管理者应在充分认识本校人才培养方针的基础上，结合专业的自身特征以及学生的学习特点，通过现代化的管理方法，设计教学活动、协调教学过程，从而实现科学、严谨、有效的教学管理效果，多方面、多角度地提高学校的教学管理水平，促进高职院校人才培养质量的提高。由此，高职院校管理人员必须树立起精细化管理理念，严格把控教学质量的每一关，精益求精，继而保证高质量地完成教学管理工作。

在新课程教育改革的大背景下，高职院校教学管理模式呈多元化发展。为了满足学生自身的需要，顺应社会的发展，高职院校教学管理模式的创新已经成为高校教学的首要教学任务。随着我国经济的发展，社会的进步，高校的教学管理模式发生了翻天覆地的变化，许多创新的教学模式应运而生。良好的教学管理工作可以促进学校教学质量的提升，为学校的更好发展奠定基础。同样,高校进行教学管理模式创新,有利于让学生认识到自己在教学中的主体地位,培养学生的自主学习能力,提高学生的自身素质,促进学生的全面发展。在新课程教育改革不断深入的影响下,高职院校创新教学管理模式面临着巨大的挑战,需要在学校与老师的共同努力中不断实践,一步一个脚印地对教学管理模式进行改革。

4.1.1 教学管理建设的模式

教学管理是高职院校内部管理体系核心组成部分,在学校各项管理工作中占有比较重要的地位。它是教学管理者遵循教学规律和教育方针,运用现代教学理论及科学管理方法,通过决策、计划、组织、控制、服务和创新等具体管理职能,使教学活动达到既定目标的活动过程。

(1)在新时代,构建高职教育管理模式,对于提高高职教育质量,推进高职教育改革,乃至促进国民素质提升,具有十分重要的现实意义。具体体现在:一是促进高职学生教育质量提升。加强高职学生教育管理,可以更好地满足学生多样化的需求,提升学生的综合素质和专业技能水平,使高职教育更加适应和服务于经济社会的发展需要。二是推进高职教育改革。构建高职教育管理模式,必须面向未来,充分发挥高职教育的优势,进一步拓展教育资源,加强教育改革创新,推动高职教育质量和水平的不断提高。三是促进国民素质提升。构建高职学生教育管理模式,不仅有助于高职学生的个人发展,更有利于促进全社会的素质提升,进一步推动我国教育事业和经济社会的协调发展。因此,构建高职学生教育管理模式,具有重要的时代意义,也是高职教育发展的必然要求。

做好学生教育管理工作,是提高育人质量的基础,也是为学生健康成长和全面发展的关键,对高职院校的高质量建设和发展具有积极的作用。尤其是在职业教育创新转型的重要阶段,高职院校要全面创新和优化学生教育管理工作,采取积极有效措施,创新学生教育管理模式。

(2)全力推进以生为本教育管理模式的构建。一方面,要尊重学生的主体性。在新时代,高职院校需要更新学生教育管理理念,始终以贯彻以生为本理念为基础,高度尊重学生主体性,让学生教育管理不再是完全由教师主导的工作,而是学生们自主参与的过程。首先,激活学生主体性。学生是教育管理的重要主体,其需要在管理工作中发挥主体作用。高职院校应当以激活学生主动性和积极性为基础,变被动管理为主动管理,鼓励学生们主动参与、配合教育管理工作的开展。只有学生们自发地进行自我管理,学生教育管理水平才可能真正得到提升,管理作用才能得到充分发挥。其次,构建民主管理模式。在激活学生主体性前提下,高职院校需要大力推行科学管理模式,对学生教育管理机制进行革新、优化和完善,形成以科学为核心的管理机制。在科学管理模式下,学生们不再局限于被动地跟随教师完成各种管理任务,而是能真正掌握教育管理的主动权,充分参与到管理工作之中,通过和教师的良好沟通、有效交流、协商讨论,共同实现自我管理、科学管理,让教育管理能真正贴合学生实际情况,同时促使学生在科学管理中树立正确思想观念、强化自我约束性、发展管理能力以及解决问题能力等。另一方面,要关注学生的个性化需求。以生为本理念的践行需要做到真正从学生角度出发进行考量,尽可能满足学生需求。以生为本理念指导下,高职院校不仅要激活学生在教育管理中的主体性,更要关注学生具体情况以及个性需求,准确把握不同学生个体的差异性,进而针对性地开展教育管理工作,确保管理目标、策略、方案、措施等完全契合学生实际情况。高职院校需要通过各种方式了解学生具体情况,既要对高职学生的身心特征进行综合分析,又要借助教学观察、生活观察、学习成绩、考勤表现、行为活动等对学生实际情况加以研究。而且在条件允许的情况下,高职院校需要尽可能对每位学生的特点加以提炼,充分了解不同学生个体的差异性,从差异出发调整相应的教育管理策略,真正做到引导每位学生健康成长、良好发展。

(3)灵活创新与拓展学生教育管理方式。学生教育管理方式需要得到有效创新,根据实际情况灵活运用最合适的方式改善教育管理实效。高职院校需要以传统的讲解说教、规章制度要求为基础,积极探索更加新颖且适合高职学生的多样化教育管理方式。创新育人方法,积极推动"校内+校外""课堂与课外"育人活动的多样化开展,强化产教融合育人,深化思想政治教育的全面实践,通过组织学生参加校内生产性实习实训基地学习活动、校篮球比赛活动、"1+X"证书考核活动、暑期"三下乡"社会实践活动等,带给学生们更为丰富的体验,从多个维度强化对学生的引导和教育。

(4)全面加强学生的职业素质培养。一方面,加强职业道德教育。职业道德是新时代高职学生教育管理的重点所在,其不仅关系到学生的职业生涯发展,也关系到德育、思想政治教育的实践。高职院校需要拔高职业道德教育的地位,既要从宏观层面加强思想政治教育,又要从微观层面推动职业道德教育在校园生活、专业教学中的渗透,引导学生树立正确职业观、道德观,培养学生良好的职业认知。尤其要重视工匠精神在学生教育管理中的实践,培养学生认真、严谨、负责、精益求精的职业态度。另一方面,加强职业能力培养。全面加强职业能力培养,对高职院校学生日后步入社会、进入行业而言意义重大。高职院校需一改之前重知识与技能教学而轻职业能力培养的现象,拔高实践教学的地位,根据不同专业合理调整与优化课程体系,凸显实训教育的重要性。深化校企合作,借助合作企业的资源优势、技术优势、业务优势等,为学生提供更为丰富的实践机会,通过顶岗实习、实训基地等切实加强职业能力培养，帮助学生更好地适应职业发展和行业发展需要。

（5）明确信息时代学生教育管理任务。一方面，借助信息技术提高管理质量与效率。信息化时代，高职院校应当积极推进信息化建设进程，并借助信息技术支持学生教育管理的创新与改善，以此提高管理质量与效率。高职院校需要以加强软硬件建设为基础，根据自身实际情况合理制定信息化发展方案，投入足够资金，积极构建一体化信息管理平台，建设学生档案数据库，丰富信息系统功能，为学生教育管理的信息化发展奠定基础。高职院校还要加强师资队伍建设，全面落实信息技术教育培训工作，提高所有工作人员的信息技术素养，同时不断推动学生教育管理信息化制度的改善与优化，积极引入包括大数据、云计算、数据可视化、人工智能等在内的先进技术，借助信息技术更加高效地开展教育管理工作。另一方面，针对学生在信息时代面临的问题强化教育和管理。高职学生在信息化时代很容易受到互联网信息的负面影响，学校必须针对性地加强教育和管理。高职院校应当以建设网络教育阵地为基础，推动传统学生教育管理朝着线上线下相结合的方向发展，将学校官网、微博认证账号、微信公众号等作为网络教育阵地，充分发挥互联网优势加强对学生的引导和教育。做好舆论监督和引导工作，尤其要加强院校网络信息舆论的正确引导，及时针对重大事件进行宣传、引导和处理，引导学生以正确的思想、态度对待网络信息。加强对学生的教育，提升学生信息素养，强化学生正确辨识网络信息的能力，落实思政教育工作，让学生能从海量的互联网信息中筛选和获取自身需要的信息，同时降低各种有害信息、虚假信息等对学生的负面影响。关注学生们的思想状态变化情况，创新监督反馈机制，及时发现学生的思想问题并加强引导，进一步促进学生身心健康发展。

信息化教学建设要和管理创新结合起来，把规范化管理全面渗入信息化建设中，迫使所有的应用者都必须按照网络信息办公的规范来执行，否则就无法开展工作。规范化是管理的基础，而教学管理建设的主体就是管理本身，它力求利用信息技术提供的实时性、共享性和公正性，来明确和优化管理流程，达到降低教学成本和提高工作效率、决策水平和调控能力的目标。因此，规范化管理和信息化教学建设是相互推进、相辅相成的。信息化教学管理建设工作的顺利进行必须依托管理流程的规范化建设。

4.1.2 教学管理的建设内涵

随着高职院校内涵建设的不断深入，教学内容和教学方法不断变化，教学管理工作也需要不断创新。

（1）研究教学管理流程和体制机制，确保教学管理设计科学，教学管理重要文件都经过多重论证，重大决策都需要专家论证、校长办公会审核、党委会批准，人才培养方案和课程标准每年都要在调研的基础上进行修订完善，教学管理制度和规范做到动态更新，确保教学运行的正常来自科学的决策。

（2）以诊改为抓手完善规章制度，强化规范意识通过诊改活动，完善从专业设置、招生管理、人才培养方案制订、课堂教学、实习实训到就业创业全过程规范制度，确保做到管理有章法、实施有方案、过程有监控、行动留痕迹。

（3）对日常教学工作注重过程管理。结合日常教学管理工作实际情况，在日巡查、周考核、月反馈、期检查等工作总结梳理的基础上，提出工作抓细抓小，过程管理要精细化，苦练内功。

4.2 教学管理建设目标

高职教育的管理必须从高职教育的特点出发，并反映高职教育特点的要求，其内容和特点应该包括：教学管理的目标——培养技能型、应用型人才；教学管理的重点——教学质量是办学的生命线；教学管理的要点——质量管理的基本框架；正确运用现代管理学的科学原则。

确立管理工作在职业院校办学中的基础性地位，落实国家职业教育有关法规、制度及标准，全面规范办学行为，不断激发办学活力，切实提高职业院校依法办学的能力和水平。

4.2.1 提高教学管理质量

（1）"总体要求"。以习近平新时代中国特色社会主义思想为指导，明确坚持立德树人、德技并修，坚持产教融合、校企合作，坚持面向市场、促进就业，坚持面向实践、强化能力，坚持面向人人、因材施教等工作要求以及主要目标。

（2）"强化职业教育类型特色"。通过推动不同层次职业教育纵向贯通，促进不同类型教育横向融通，健全职普并行、纵向贯通、横向融通的培养体系，强化职业教育的类型特色。

（3）"完善产教融合办学体制"。围绕加强职业教育供给与产业需求对接，以市场需求为导向，动态调整职业教育的层次结构和专业结构，健全多元办学格局，协同推进产教深度融合。

（4）"创新校企合作办学机制"。坚持校企合作基本办学模式，通过不断丰富职业学校办学形态、拓展校企合作形式内容、优化政策环境，创新组织形式和运行机制，形成校企命运共同体。

（5）"深化教育教学改革"。通过强化双师型教师队伍建设、创新教学模式与方法、改进教学内容与教材、完善质量保证体系，构建新型师生关系，强化德技并修、工学结合。

（6）"打造中国特色职业教育品牌"。坚持扎根中国、融通中外，通过提升中外合作办学水平、拓展中外合作交流平台、推动职业教育走出去，增强国际话语权，讲好中国故事、贡献中国智慧。

4.2.2 提高教学管理效率

教育数字化转型涉及整个教育行业，作为职业院校教师也亟须进行数字化提升。欧盟已经发布了关于教育工作者数字素养框架的研究报告，涵盖专业发展、数字资源、教与学、评估、增强学习者能力、提高学习者数字素养等6个领域的22种能力。但国内关于教师数字化素养的研究还不是很成熟。我们要持续跟进数字化教育技术的发展，深入研究教师数字素养框架，及时更新教师信息化教学能力标准，并优化更新培训课程体系，通过开展有针对性的培训提高教师的数字素养，使职业院校教师尽快实现从教学观念到教学行为、教学手段、教学模式的数字化转型。

4.2.3 促进教育管理规范化

实施职业学校治理水平提升行动计划，出台职业院校基本办学规范，面向社会公布省市县校规范办学监督投诉电话，接受社会监督，加快推动建立依法办学、自主管理、民主监督、社会参与的现代职教制度。

4.2.4 提高数据采集能力，为政策制定提供依据

加快管理服务平台建设与应用。鼓励职业院校建成集行政、教学、科研、学生和后勤管理于一体的信息服务平台，支持学校实施校企合作信息发布、项目管理、顶岗实习管理、人力资源信息管理、就业信息分析等。推进平安校园、节能校园平台建设，实现对校园安全、能源管理过程跟踪、精准监控和数据分析。推动职业院校加强管理信息化应用，做好信息采集、统计和更新工作，提高管理效能。统筹完善信息化管理服务平台建设，建立统一集中的基础数据库，提高全国职业教育数据共享水平。充分发挥管理信息系统在学籍管理、人员管理、资产及设备管理、日常教学、实习跟踪、流程监控等重点工作中的作用，提高教育行政部门管理、服务与决策水平，推动职业教育治理能力现代化。

4.3 教学管理建设类别

教学基本建设包括专业建设、课程建设、教材建设、实践教学基地建设、教学队伍建设、管理制度建设等等。它们是保证教学质量的最重要的基础性建设，在学校发展、建设中占重要的位置。

4.3.1 分层分类教学管理

实行分层分类的教学管理模式，最重要的能够激发学生的学习兴趣，而高职院校普遍存在着一种风气就是，大多数学生认为自己的所学专业不是自己的第一志愿或者不是自己感兴趣的方向，从而丧失掉学习的信心，加上高职学生对于自己的学历要求不是很满意，从而也间接导致学生学习的动力缺失。兴趣是学习的第一动力，在进行分层分类教学的前提下，必须激发学生的学习动力，让学生能够自主学习，激发学生的学习积极性。高职院校以培养学生的专业技术和技能为主，向社会输出实践性强的专业技术人才，通过市场的发展方向，培养具有鲜明现代化的硬核人才，为高职院校打造高品质、高效率教学质量。

4.3.2 专业建设

要科学规划学校的专业结构体系。重视发展应用学科和专业，培养复合型人才；更新传统学科及专业，适度发展新兴学科、交叉学科及专业，发挥学校优势，办出特色。

4.3.3 课程建设

课程建设要进行理论研究，明确总体目标、任务、指导思想和原则；制定建设规划，进行有计划、有目标、分阶段、分层次的系统建设；要通过课程建设，不断深化教学内容、课程体系改革，构建科学的课程体系。

4.3.4 教材建设

按照文字教材、数字教材等多种形式并举的教材建设原则，制定切实可行的教材建设规划。结合学校"双一流"建设，依托重点学科、特色专业建设，鼓励高水平的教师编写、修订优质特色教材，把教学改革和科学研究成果及时固化到教材建设中。严把教材使用关。思想政治理论课等有教育部、省教育厅规定使用教材的课程，严格按照有关文件要求选用教材；国家优秀教材及精品优质教材、高质量的国外原版教材，应作为教材选用的主要对象，并结合教学内容和课程建设改革，按照有关程序确定使用教材版本。做好教材质量评估和优秀教材、精品教材评审、奖励工作。

4.3.5 实践教学基地建设

坚持校内外结合，做好全面规划。实验室建设一定要与专业建设、课程建设相匹配，防止分散配置、分散管理、局部使用、低水平重复、利用率低下的状况，集中力量与条件建设公共、基础性实验室；做好实验室计划管理、技术管理、固定资产管理。组织实验室年度验收、检查评估。校内实习基地的建设，要突破仅限于感性认识和简单技能训练的旧模式，使之成为可模拟工业、社会等环境，进行综合训练的课内外实践教学基地。健全实习管理规章制度。建设稳定的校内外实习基地，把实习与承担实习单位的实际工作结合起来，做到互利互惠，以取得校外实习单位支持。

4.3.6 考风建设

建立健全有关考试管理的各项规章制度，加强对学生考风考纪教育，强化学生的诚信意识，通过严格的管理和严肃的教育制止、纠正不良的考风。

4.4 教学管理规范

管理机制要通过信息化作为载体、平台、手段予以保障和实现，但规范化管理体系才是管理应用软件的基础和核心。在教学管理模式探索中，规范化管理才是主要内容，信息化只是一种手段，必须克服信息化建设与管理机制相脱节的通病。探索并构建推动社教学管理发展创新的科学模式和机制，建立统一、科学、系统、完整的管理体系，推进教学管理规范化、队伍专业化、管理科学化和保障现代化建设。

4.4.1 教学管理制度建设

要制定并完备教学基本文件，包括培养计划、学期执行计划、课程教学大纲、教学日历、课程表等内容。要建立必要的工作制度，包括学籍管理、成绩考核管理、实验室管理、排课与调课、教学档案保管制度及教师和教学管理人员岗位责任制及奖惩制度。

4.4.2 实施办法

确立教学质量是办学生命线的思想，严格要求、严格考核。采取各种措施，对教学过程实施全面监控，保证教学质量。

（1）教学管理制度

从理论课授课、实验课指导、专业实习、考试出卷、阅卷都严格执行学校的各项规章制度，在此基础上，还要制定和出台具体的规定和细则，如院督导和院领导听课评课制度，制定了青年教师培训计划，教学工作例会制度，专业实习管理制度，对教学管理的各个环节进行规范。

（2）教学质量控制制度

一系列措施强化教学过程和效果的控制制度。主要制度有：

试讲制度。青年教师、新聘兼职教师、开新课教师必须经过试讲合格才能正式上课。制定了相关措施，在从事本专业教学的新教师完成教学基本功训练以后，才可采用现代化教学手段。积极鼓励教师改革教学手段和授课方法，采用形式多样的能激发学生学习兴趣和积极性的授课模式。

听课制度。建立逐级听课制度，包括院领导听课、校院两级督导组专家听课。通过听课检查教学效果，将听课结果及时汇总和反馈。

教学检查制度。每学期分阶段通过教师座谈会、学生座谈会、查看教学管理文档，对教学工作进行检查，开展学生对本专业任课老师的教学活动进行评议，对教学态度、教学方法、教学内容、教学效果、教学育人等方面进行评分，并将检查的各项信息反馈到各教研室和教师，要求就发现的问题制定具体的整改措施和方案。

课程考试制度。由主管教学副院长对试卷进行审查，对试卷的印制及管理、监考、考场巡视、阅卷评分、成绩与试卷分析、试卷保管等考试、考核实施过程中的各个环节都做出了严格规定。

实践环节管理制度。在教学中，强调了实验课、课程设计与毕业设计的重要性。对实验教学、课程设计等实践课的要求与课堂教学要求同样，要求教师在"教学周历"中明确实验教学应完成的内容和要求，定量或定性地对学生的实践能力进行评价，并以此作为课程学习成绩的重要依据。向学生开放专业实验室和创新实验室。

毕业设计管理制度。每位毕业设计指导教师最多只能指导10名学生，学生毕业设计一人一题。本科毕业设计采取了选题审批、过程管理、中期督控、论文答辩的方法进行。完成答辩后，学院对学生论文的质量和各种文件情况再次检查，合格后归档。准备申请优秀毕业设计（论文）的学生，由指导教师审核论文质量，教师审核合格后，由学院组织备选论文的学生进行公开答辩，选出优秀论文上报校教务处评审。

(3) 建立专业指导委员会指导教学工作

建立专业指导委员会。由党委书记和校长分别担任专业指导委员会正、副主任，专业指导委员会成员均为教授、企业专家及负责人，还有本院学科带头人教师。专业指导委员会对人才培养方案进行论证和审定，确保方案的科学性、规范性和可操作性。审查教学计划、教学大纲、指导教学工作。对本专业创建特色专业提出大量建设性意见和建议。

(4) 积极鼓励和支持教师从事教学研究和教学改革工作

调动专业教师积极性、动员教师关注和参与专业改革和教学，提高教师的主人翁意识，全体教师献计献策，共同做好专业建设。重视师德师风建设，措施得力，教师执教严明。

(5) 严格、认真地执行学校和教学处各项教学管理制度

教学质量得到学生、家长及社会的认可。

4.5 教学管理机制

创新教学组织形式。要采取集中教学与分散教学相结合、校内教学与校外教学相结合、线上教学与线下教学相结合等方式，对非应届毕业生尤其是退役军人、下岗失业人员和农民工等应尽量单独编班或实施分层教学。指导高职院校实行学分制管理。鼓励校企联合开展培养，推行现代学徒制等培养模式。

探索学习成果认定、积累和转换。鼓励高职院校开展1+X证书制度试点，按规定兑换学分，免修相应课程或模块。指导高职院校积极参与职业教育国家学分银行试点，为各类生源的学习成果认定、积累和转换提供便利。

严格教育教学管理。各省级教育行政部门要指导高职院校适应生源、教学组织形式、资源利用方式的新变化，优化资源配置，创新管理机制，健全管理制度，提高学校管理的信息化水平。要会同省级退役军人事务管理部门，加强退役军人生源的协同培养。充分发挥退役军人政治素质、意志品质、能力作风等优势，聘用符合条件的退役军人学生担任兼职辅导员，或参与校园安全管理、军训等工作。

4.5.1 质量引领，深化人才分类培养

学校以"新职教"建设为统领，坚持因材施教、分类培养。创新专业型人才培养模式。提倡"共同制定人才培养方案、共同设计课程体系、共同开展实践教学、共同关注学生发展"的人才培养新模式。优化复合型人才培养模式。合作共建，开办校企合作班，探索培养模式，促进产教融合，实现复合应用型人才培养目标。

4.5.2 内涵引领，深化专业课程建设

学校以"新职教法"为契机，充分挖掘专业、课程特色优势，全面打造"金专""金课"。
（1）优化专业结构布局。修订专业设置管理办法，开展专业建设大讨论，紧密对接国家和省市重大战略，加强新专业建设。
（2）加强专业内涵建设。实行培养方案动态调整机制，设置学科交叉课程，更新优化教学内容；全面推进专业认证工作，构建与专业认证相适应的教学体系；强化一流专业建设，推进专业认证工作。
（3）实施课程创优行动。积极开展校级一流课程评选，加强在线课程建设，鼓励教师改进教学方式方法，推动在线课程上线，在线开放课程平台，实现课程共建共享。深化课程思政建设。

4.5.3 能力引领，深化实践教学

学校应始终坚守实践育人办学特色，引导广大师生在实践中经受锻炼、砥砺品行、成长成才。
（1）强化实践育人。整合包括国家教学成果特等奖在内的多项教学成果，形成实践教学体系，坚持组织学生参加科研实践，将科研成果转化成教学资源，坚持将专业课的理论教学紧密结合生产实践进行，把教学与生产劳动和技术推广结合起来；坚持把实践教学拓

展到社会经济建设的各个层面，让学生走出校门接受更为广泛的实践锻炼。

(2) 深化产教融合。学校统筹推进校地、校所、校企等深入合作，实现行业优质资源转化为育人资源、行业特色转化为专业特色，建立产学研结合、学科与专业一体化建设的培养运行机制，与行业企业共建课程、共享师资、共建班级、共建平台，将企业育人资源融入人才培养全过程，实现育人互融互促，校企协同发展。

4.5.4 成效引领，深化课堂教学改革

重视课堂教学工作。

(1) 完善课堂教学制度。先后出台包括领导听课、教学督导、教师教学考核等方面的制度文件。建立零手机课堂教师教学和学生学习管理制度，创造性开展教学行动。

(2) 加强教风学风建设。推动师德师风建设常态化与长效化，加强课堂过程管理，稳定课堂教学秩序。完善学风建设体系，强化过程管理和监督考核；建立基于过程和能力，有利于学生自主学习、自主探究、自主评价的课业评价制度。

(3) 丰富信息化教学资源。利用智慧树、超星尔雅、学习通等网络教学平台，开设课程，满足学生多样化学习的需求。

4.5.5 创新人才培养模式，有力提升学校人才培养队伍水平和人才培养质量

认真学习贯彻习近平总书记关于教育的重要论述和全国教育大会精神，以立德树人为根本，继续深化人才培养模式改革，助力教育教学高质量发展。

(1) 建立规范

根据《北京市职业院校教学管理通则》，结合不同生源特点和培养模式要求，制订有针对性的教学管理办法。坚持严格管理与精心指导相结合。在落实《北京市职业院校教学管理通则》有关要求基础上，针对不同生源特点，灵活多样开展实践教学，集中安排实习和学生自主实习相结合，校企共同制订实习方案，创新实习管理方式，为学生投保实习责任保险。

(2) 建立健全体系

建立健全质量评价体系。各高职院校要主动适应技术技能人才多样化培养需要，针对不同生源、不同学习时间、不同学习方式，改革学生学业考核评价方式方法，实行多元评价。结合课程特点和实际条件组织实施竞赛活动、技能抽查、学业水平测试、综合素质评价和毕业生质量跟踪调查等。不断完善内部质量保证体系和运行机制，做好各类生源学生

的学习状态数据采集，根据反馈实时诊断、及时改进。

要全面考察学生的职业道德、职业素养、技术技能水平、创新创业能力，并把实现高质量就业作为检验人才培养质量的重要标准，做好毕业生的就业质量跟踪调查。严把毕业出口关，不得以任何原因、任何形式降低毕业要求，严禁实施"清考"。

（3）加强组织领导和监督保障

加强对高职院校分类教育教学、管理服务的过程性监管，对专业人才培养方案制订、教育资源配置、信息公开、教学实施等情况，特别是对课堂教育教学过程开展检查，公布检查结果，并纳入有关考核评价。支持高职院校在教学场所、实训基地等方面做好条件保障，利用好晚间、周末、节假日等时间，提高教室、实训设施设备等资源使用效率。组织设立教改专项，加强教研科研课题研究，促进经验交流，及时总结经验，形成可复制、可推广的工作机制和模式。

第5章　专业建设与教材管理建设规范

　　《关于实施中国特色高水平高职学校和专业建设计划的意见》对新时代高职教育发展提出了要求、指明了方向、明确了任务。实施"双高计划"，引领职业教育类型化发展、高质量发展，是继国家示范性高职院校(骨干校、优质校)建设之后高职教育内涵发展的又一具有战略意义的重大举措。"双高计划"以立德树人为根本、以提升质量为核心、以内涵式发展为主线、以世界水平的高职学校和专业群建设为抓手，从产教融合、师资建设、服务水平等多维度提升高职教育发展质量，有针对性地破解高职教育在发展中的瓶颈问题，以形成中国特色职业教育的发展模式，打造中国职业教育的国际品牌。

　　为深入贯彻全国职业教育大会和全国教材工作会议精神，落实《关于推动现代职业教育高质量发展的意见》《全国大中小学教材建设规划(2019—2022年)》和《职业院校教材管理办法》有关部署，做好"十四五"职业教育规划教材建设工作，以规划教材为引领，建设中国特色高质量职业教育教材体系，教育部办公厅印发《"十四五"职业教育规划教材建设实施方案》。

　　党的二十大报告首次提出"加强教材建设和管理"，表明了教材建设国家事权的重要属性，凸显了教材工作在党和国家事业发展全局中的重要地位，体现了以习近平同志为核心的党中央对教材工作的高度重视和对"尺寸课本、国之大者"的殷切期望。我们要深刻学习领会，充分认识新征程教材工作肩负的使命。

5.1　专业建设与教材管理体系建设

　　深入贯彻党的二十大精神，以习近平新时代中国特色社会主义思想为指导，落实习近平总书记关于教材的重要论述和重要指示批示精神及全国教材工作会议暨首届全国教材建设奖表彰会精神，加强党对学校教材工作的领导，严格学校教材管理，切实提高教材建设水平，助力高质量教育体系建设。

5.1.1 学科体系建设

"学科"通常有两种含义：一是指人类知识的分支或一定的科学领域；二是指教学科目或教学内容的基本单位。两个方面，前者是后者的基础。学科不仅体现在学科研究水平上，还体现在学科课程建设、团队建设、人才培养等方面。

对于高校而言，学科是高等学校建设内涵的重要标志之一。对于中小学来说，学科是以知识系统为表征的学科课程。课程要发挥育人的作用，前提是搞好中小学学科建设。中小学学科建设，取决于科学研究的成果所呈现的学科知识体系，它是中小学学科的来源，但作为教育内容的学科必须经过对学科体系的教育加工，加工的依据是：一要使学科内容的呈现符合教育规律和青少年身心发展特点；二要以立德树人为根本标准，选择和组织学科内容，使学科真正成为育人的重要载体，而不只是研究成果和学科知识的堆积。随着基础教育改革从统一性向个性化、特色化发展，在特色化办学的理念下，中小学也必须重视学科建设，学校也应该有自己的特色学科，彰显自己的学科优势。

学科是教学内容的来源。学科的功能不只是使学生认识世界，获得学科的知识，还要促进学生智力的发展、思维品质的培养、道德和人格的形成，指向学生个体精神发展的全部，使学科完成从"知识本位"到"育人本位"的转换，发挥学科的育人价值。当然，不同学科在育人方面的优势和侧重点不同，要发挥各自学科的独特性，同时，要强调综合学科、跨学科和交叉学科，提升学生的综合素质。

5.1.2 教材体系建设

教材是教学的直接依据，是解决"培养什么人""怎样培养人""为谁培养人"这一根本问题的重要载体，它是国家事权，体现国家意志，直接关系到党的教育方针落实和教育目标的实现。

党的十八大以来，党和国家高度重视教材建设。习近平总书记在全国教育大会上提出了教材建设的"五个体现"，即充分体现马克思主义中国化要求、充分体现中国和中华民族风格、充分体现党和国家对教育的基本要求、充分体现国家和民族基本价值观、充分体现人类文化知识积累和创新成果。我们要扎根中国、融通中外、立足时代、面向未来，全面提升思想性、科学性、民族性、时代性、系统性，构建具有中国特色、世界一流水平的教材体系。

按照总书记提出的"五个体现"，教材既要反映科学研究的最新成果，又要体现国家的意志和要求。教材建设是一个系统工程，应加强教材的规划，努力建设中国特色的社会主义教材体系，同时加大教材研究力度和教师培训力度，努力提高教材使用的质量。这样才能发挥好教材在学科育人中的基础性作用。

5.1.3 教学体系建设

学科教育最后要通过学科教学来完成，学科教学是实现学科育人的"最后一千米"。以知识为本位的教学体系割裂了学科教学与思想道德教育的关系及与学生发展、学生生活的关系。为此，必须改变文化知识教育与思想道德教育、社会实践教育分离的状况，把教书与育人有机结合起来，把立德树人融入思想道德教育、文化知识教育、社会实践教育各环节，形成学科的整体育人系统。

(1)学科教学要以学科素养为核心。学科核心素养是学科育人价值的集中体现，是立德树人根本任务的学科具体化，是学生学习本门学科必须达到的基本目标，也是对学生学习和教师教学的方向规定。明确了学科核心素养，学科教学就有了明确的目标，对学生的学科学习的评价也就有了明确的依据。加强学科育人功能，就应依据学科核心素养，构建系统的课程目标，编写教材，研制学业质量标准。在教学中，教师要将课程目标具体化为每一节课的教学目标，依据学生的实际情况和教学情境，将教材内容转化为教学内容，并围绕学科核心素养、学业质量标准的要求，评价每节课的目标达成度。各学科可以结合学科的性质，以学生为主体，采取深度学习、主题学习、综合学习等不同的学习方式。

(2)文化知识教育与思想道德教育相结合，把思想道德教育融入教学全过程。教学具有教育性，这是教学的基本原则。正如赫尔巴特所指出的："我不承认任何无教育的教学，也不承认任何无教学的教学。"教学承载着教育，这是客观存在的。关键是承载什么样的教育？培养社会主义建设者和接班人，教学必须坚持正确的政治方向，将社会主义核心价值观有机地融入教育教学全过程。教师要深入挖掘教材中的思想道德资源，处理好知识传授与思想道德教育的关系，以身示范、以德施教，实现教书与育人的统一。

(3)加强社会实践教育，扩展学科教育的空间。课堂是学科教育的主渠道，但要看到课堂的局限性。教育不能把学生束缚于书本之中，禁锢在课堂之中，"纸上得来终觉浅，绝知此事要躬行"。课堂的间接知识，要经过实践验证，也要通过实践运用，使"知"转化为"行"。长期以来，我国学校教育重知识传授、轻实践养成，实践教育环节薄弱甚至缺失，造成了学生知行脱节，已成为制约学生综合素质提高、影响学生全面发展的瓶颈。学科教学要以课堂学习为基础，但又要超越课堂的局限，利用综合实践活动、社会实践活动和研学旅行等，扩展学科教育的空间，让实践活动成为重要的学习方式，使学科知识学习与实践活动相结合，与学生生活相连接，让学生的知识能力、态度情感与价值观在实践中得到锻炼和升华，为他们走向社会奠定牢固的基础。

5.2 专业建设与教材管理建设新要求

教材体现国家意志，教材建设是国家事权。教材是解决为谁培养人、培养什么人、怎样培养人这一根本问题的载体。

5.2.1 落实思想和精神

全面推进习近平新时代中国特色社会主义思想和党的二十大精神进教材，教材战线要深刻领悟"两个确立"的决定性意义，增强"四个意识"、坚定"四个自信"、做到"两个维护"，把全面推进习近平新时代中国特色社会主义思想和党的二十大精神进教材作为首要任务和持续推进的重大工程，全面修订中小学相关课程标准和大中小学教材。

（1）务求准确全面。要原原本本、逐字逐句学习党的二十大报告和党章，学习习近平总书记在党的二十届一中全会上的重要讲话精神，务求全面准确领会，为做好教材编写修订打好思想基础、提高认识水平，确保教材修订内容的准确性、权威性。

（2）结合学科特点。深入研究每个学科课程教材"进什么、怎么进、进到哪"的问题，做到与学科教育的有机融合，做好向教材内容的转化，避免简单贴标签。加强学科之间的相互配合，同向发力、互有侧重，避免简单重复，形成育人合力。

（3）坚持效果导向。始终贯穿让党的二十大精神入脑入心、成为学生的思想和行动自觉这一标准，既紧扣思想的核心要义，又注重讲故事、用案例，以小见大、图文并茂，增强情景感、现实感，确保习近平新时代中国特色社会主义思想和党的二十大精神进教材落实到位，发挥铸魂育人实效。

5.2.2 全面加强教材建设和管理，加快形成中国特色高质量教材体系

近期一些教材出现的问题，教训极其深刻，暴露出教材工作仍存在一些短板和不足，也反映出提高教材质量是一项长期性、系统性工程，必须扭住不放、齐抓共管、久久为功。要坚决落实教材建设国家事权，完善工作体制机制，创新建设理念，健全制度规范，严格落实工作责任，强化教材编写、审核、出版、选用、使用全流程监管。

（1）提高教材工作出不得任何问题的思想认识。教材关系到亿万学生的健康成长，是国之大者、民之关切。要牢牢树立教材工作首先是政治工作、抓教材就是抓民族未来的思想意识，紧紧围绕用习近平新时代中国特色社会主义思想铸魂育人主题主线，坚持正确政治方向和价值导向，以"时时放心不下"的使命感、责任感和紧迫感，把打造精品落实到每一个学科、每一册教材、每一项内容、每一幅插图，贯穿到编写、审核、使用、管理等每一个环节。

（2）实施更加严格的教材编写制度。严格编写资质把关，加强对编写单位和编写人员的前置审核，强化政治和专业素养要求，坚决防止不符合要求的机构和人员进入教材编写行列。制定教材编写修订规范，对内容、插图、案例、体例、版式、印制等各方面提出规范性要求。加强编写指导培训，督促教材编写单位遵守编修规范，切实把好编写源头关。完善教材日常修订制度，进一步明确教材及时修订的具体情形和要求，促进教材与时代同步。

（3）实施更加严格的教材审核制度。改进完善教材审核标准和程序，细化教材导向、结构、内容、版式、插图等全要素审核要求，全面提高审核工作的政治性、科学性和精细度。优化教材审核专家队伍结构，在思政专家、学科专家、教研人员和一线教师的基础上，吸收美育、劳动教育等领域专家参与教材审核，重视听取社会和一线师生意见，对教材质量进行全方位把关。建立常态化教材审核重点抽查制度，确保教材落实审核意见。

（4）实施更加严格的教材质量评价制度。健全国家和地方教材质量监测体系，通过教材使用日常监测和随机抽查相结合的方式，加强教材质量监管，及时发现和处理各方面反映的教材质量问题。压实教材编写出版单位第一责任，督促教材编写出版单位建立健全教材全流程工作责任体系，组建最强的队伍承担教材编写、设计、印制和发行任务；严格落实"三审三校"制度，配足配强政治素质好、责任意识强、专业水平高的审校队伍，强化教材质量层层把关；建立常态化的教材质量自查和跟踪监测机制，广泛听取和吸收各方面有益意见，及时修订完善教材。

5.2.3　坚持和加强党的全面领导，持续推进党管教材落实到位

党的二十大报告将"坚持和加强党的全面领导"作为我们前进道路上必须牢牢把握的五项重大原则的第一条，具有根本性、决定性的意义。做好教材工作，守好教材阵地，根本在于坚持党管教材。

（1）层层压实工作责任。督促地方和教材编写出版单位的党组织按照职责清晰、统筹有力的原则，健全领导和工作机构，配齐配强工作队伍，严格落实教材编写、修订、审

核、出版、选用把关责任,将党管教材落实到教材工作各环节。

(2)加大监督检查力度。充分发挥国家教材委办公室统筹协调、督促落实作用,建立健全重点工作调度、督促督办、教材抽查、责任追究等常态化机制,推动教材工作全国"一盘棋"。

(3)强化追责问责机制。严格落实五部门联合印发的《关于教材工作责任追究的指导意见》,完善教材编写、审核、出版、印制发行、选用使用等各环节追责问责流程,增强问责的精度、力度和可操作性,发现问题一抓到底,严肃追责问责,坚决整改到位。

全国教材建设奖,是新中国成立以来首次设立、全面覆盖教材建设各领域的专门奖项,是教材领域的最高奖,是检阅、展示教材建设服务党和国家人才培养成果,增强教材工作者荣誉感、责任感,推动构建中国特色、世界水平教材体系的一项重大制度。2021年,国家教材委员会发布《关于首届全国教材建设奖奖励的决定》。专业建设从外延讲,包括教师队伍建设、课程建设、教学改革、实践教学、科研能力等方面,真是牵一发而动全身。考察专业建设,要看支撑条件的建设,包括专业布局、学科梯队和依托,专业培养的物质条件,专业培养的目标、方案,课程设置和体系,科学研究的水平,跨学科资源整合等。

5.2.4 高校专业建设五大要素

打破以院系为依托的管理体系,构建高效的专业群管理组织机构,面向产业集群发展趋势,编制科学合理的专业群人才培养方案、重组优质课程资源,构建共享型高水平专业群课程体系、统筹整合实验实训设备,构建通用型专业群实训基地、优化师资队伍组合,打造高水平专业群师资团队。

管理组织机构建设是专业群建设的重要依托。专业群的资源不仅超越了专业之间的共享,而且跨越了院系,需要在院系之间进行资源调配、资源共享和人事沟通。因此,科学有序有效的专业群建设是一个更为复杂的动态体系,需要打破原有以院系和学科专业为主体的管理模式,构建专业群建设运行管理与组织机构,这也是目前高职院校专业群建设在运行中遇到的管理机制瓶颈。第一,建立健全专业群管理机制,明晰权责划分。推动专业群规划、师资团队建设、核心课程建设等任务高效实施,将管理制度与建设任务落实到每个细微之处。第二,确定专业群的第一负责人。依据专业群的各项特征,创建负责人制,可以是指定专业群中的核心专业负责人来担任,有效施展核心专业的引领作用。第三,创建专业群的专业委员会。可由学校、地方政府部门、相关企业中的专家或者技术人才组成,特别要引进相关行业企业高级技师、工匠,对专业群中专业人才培育方向、建设任务与目标、综合教学资源等进行全过程指导。

(1) 推进内涵发展，提升建设质量

专业是人才培养的基本单元，是建设高水平本科教育、培养一流人才的"四梁八柱"。加强专业建设，是适应新时代对人才的多样化需求，提升高校办学质量的必然路径。

(2) 夯实专业建设基础，助推培养质量提升

拓宽专业认知，加强建设规范学习。专业建设涵盖面广，涉及人才培养的多个层面、多项环节，而师生作为"教"与"学"的直接实践者，需要进一步加强对专业发展历程、建设内涵和规范的深入理解和思考，从而不断提升专业认知，完善教学体系，筑牢专业建设基础。

①目标与建设侧重点不同。专业建设侧重于教学，以提高教学质量为中心，出发点和归宿是人才培养。而学科建设侧重于科学研究，以出高层次、前沿性的科学研究成果，在一定科学和知识领域形成有特色和优势的学术力为目标。

②内涵要素不同。专业建设的主要内容是专业人才培养目标的制定，教学计划调整、课程开发，教材建设，实验室建设，实习基地建设，师资队伍建设、教学方法手段的革新等，其中课程建设、师资队伍建设、教学条件建设是重点。而学科建设的主要内容是研究方向的确定，研究基地的建设，学科梯队的建设，学科组织建制的建设等。

③建设成果的评价标准不同。专业建设也涉及科研水平、师资力量，但更着重于学生的质量，以培养出的学生是否能满足社会需求，是否受欢迎来判断专业建设的成效。

(3) 学科建设与专业建设的联系

①学科建设是专业建设的基础。正如前面提到的"学科是专业发展的基础，专业是学科承担人才培养的基地"，一所大学的人才培养质量，取决于这所大学的学科水平。学科建设为专业建设提供的基础包括：高水平的师资队伍、教学与研究的基地、包含学科发展最新成果的课程教学内容等。

②课程建设是学科与专业建设的连接点。学科建设促进了学科的发展，提高了教师的科研水平，从而能够使某一学科产生新理论、新方法，将这些新的内容充实到教材、课程体系中，整合至人才培养过程内，就能有力地促进专业建设。同时，在专业建设过程中，也常常会对与学科内容密切相关的课程内容提出新的要求，从而在一定程度上对学科建设起到拉动作用。

③在实际的学科建设和专业建设中，都涉及队伍建设、基地建设、条件建设、制度建设，虽然它们各自有不同的要求，但在资源配置上，很多情况下可以考虑通用、共享。

5.2.5 学科建设不能替代专业建设

(1)专业建设同样也不能替代学科建设，为使学校有限的办学资源得到充分利用，在具体的建设过程中，即要充分考虑二者的区别和特点，因地制宜，重点突破，又要考虑二者的联系，统筹规划，整体前进。这样才能使学科建设、专业建设得到科学合理的整合，实现协调发展推进专业认证，持续改进建设质量。专业认证是发现并改正专业人才培养问题，引领专业发展方向，确立专业质量标杆的重要手段，为建立起良好的专业质量文化，提高教学能力水平起到重要的推进作用。创新专业培养模式，打造人才培养高地教育现代化是社会主义现代化建设的重要基石。专业作为人才培养的"新基建"，更需持续坚持创新发展，改革转变发展方式，面向国家、经济、社会及产业需求，聚焦发展前沿，把握社会思潮的最新动向以及产业未来的发展方向，推动各专业(类)之间的交叉融合，培养全面发展的复合型人才。各单位深入研讨和探索专业培养的新模式，积极推进理念、体系、内容和方法的变革与创新，对实现专业改造升级，优化布局结构，提高人才培养质量奠定了良好的基础。探讨跨学科交叉培养，推进专业变革升级。在新一轮科技革命和产业变革的大背景下，需进一步优化现有专业设置，以新文科、新工科、新医科建设为着力点，打通院系、学科、专业之间的壁垒，开展更大跨度的学科专业交叉，形成开放包容的学科体系。

(2)开设跨学院精品课程，培养学科融合思维。课程作为专业发展的基础支撑，课程质量直接影响着人才培养质量，而跨学院精品课程的打造亦是充分发挥课程在人才培养体系中的核心作用，进一步推动一流专业高水平发展，全面提高人才培养质量，打造一流本科教育的创新之举。

创新实践教学环节，激发专业发展动力。实践教学是创新人才培养的重要途径，是专业教育的重要环节，也是培养学生实践能力和创新能力的重要方法和手段。拓宽专业的广度、深度和吸引力，离不开对实践教学方式与内容的创新与发展，科学完善的实践教学体系是提高专业建设水平和人才培养质量的重要保证。

学科建设、专业建设和课程建设是高等学校的三大基本建设，这三大基本建设的水平、质量、状态决定了学校的办学类型、层次和特色。其中，专业建设和课程建设是学校生存的基础，学科建设是学校发展的动力和手段，三者各有侧重，相互联系，协调发展。

(3)专业建设也可分为宏观和微观建设两个层面：就学校层面而言，专业建设主要考虑专业设置、专业布局、专业结构的调整优化、重点专业的建设与扶持等宏观层面问题；就具体某一专业而言，主要包括社会发展需求的追踪，制定专业培养目标与规格，制定专业教学计划、进行课程建设、教材建设、实训基地建设、教学方法革新等内容，以提高教学质量为目标。

专业建设的任务是：

①改善专业结构。专业结构是一所学校在长期的人才培养过程中形成的专业设置体系。专业结构是否合理直接决定着学校所培养的人才能否满足社会发展的需要。所以，调整专业设置，改善专业结构一直是学校专业建设的一个重要任务。要建构合理的专业结构就必须处理好长线专业与短线专业、热门专业与冷门专业、传统专业与新兴专业的关系，以确保培养的人才"适销对路"。

②提高专业水平。专业水平是一所学校师资队伍水平、人才培养质量、专业装备水平的综合体现。高水平的专业一般具有以下特征：培养目标明确、具体；人才培养方案科学、合理；人才培养过程规范、完善；师资队伍素质好、水平高；教学条件好，设施精良；教学手段先进；毕业生就业率高；社会声誉好。

5.3 专业建设与教材管理平台建设

专业的发展依赖于学科的发展，教学科研水平和学术水平的提高，需要以学科专业平台为保障。学科专业平台是高水平研究成果产出和优秀科研人才汇聚的阵地与载体，对推动学科专业建设、科学研究与技术开发、人才培养与学术交流、经济社会发展具有重要作用，同时也是促进学科专业可持续发展的关键，因此，要大力加强平台建设，筑牢学科专业建设之基。通过学科专业平台建设促进学科专业建设，打造学科专业特色。

(1) 要建设好学校内部的公共实践实训平台，包括分析测试中心、工程训练中心、文科实训中心和创新创业中心等，为教学科研发展提供必备的条件。各学科专业也要整合资源，积极搭建本学科专业的教学科研平台。

(2) 要充分发挥学校的区位优势、学科和专业特色优势，以学校现有的科研、技术和人才为基础，有效整合校内外资源，建立以服务区域经济社会发展为目标的科学研究与技术开发平台、实践教学平台、重点实验室、工程技术中心等。

(3) 要加强校企合作，利用企业优质资源，与企业共建共享技术开发中心和实习实训中心。各平台之间的人力资源和仪器设备资源要实现共享，将有限的资源最大化利用，为提高教学科研水平和应用型人才培养质量提供有力保障。

5.3.1 专业建设与教材管理建设平台原则

专业建设与教材管理平台应遵循以下原则。

(1) 可扩展性

专业与教材管理服务平台并非一成不变。目前，新技术、新产品、新需求不断出现，因此，专业与教材管理服务平台能够适应将来新业务的发展至关重要。专业与教材管理服务平台必须具备优良的体系结构，在满足现有系统平台需求基础上，还必须考虑到满足未来的教育发展。

系统应当具有充分的可扩展性，以适应应用逐步丰富、系统不断扩展的要求，因此，在专业与教材管理服务平台方案设计中，必须考虑到形成一个易于管理、可持续发展的体系结构。同时将应用系统进行完全模块化的设计，使系统具有良好的扩展性。

(2) 标准性和开放性

专业建设与教材管理服务平台，在系统构架、采用技术、建议产品等方面，必须要有较好的开放性。特别是在建议产品上，要符合开放性要求，遵循国际标准化组织的技术标准或行业标准，能与其他多家优秀的产品进行整合或集成，共同构成一个开放的、易扩充的、稳定的、统一软件的系统。

开放的系统平台便于将来增加新的功能及与第三方的接口。

(3) 先进性

专业建设与教材管理服务平台在设计思想、系统架构、采用技术上均要具有一定的先进性、前瞻性、扩充性。在充分考虑技术先进性的同时，尽量采用技术成熟、经过了市场的考验，也经过了大量的市场实践的检验，市场占有率比较高的产品，从而保证建成的系统具有良好的稳定性、可扩展性和安全性。

(4) 实用性

专业建设与教材管理服务平台在满足教育教学功能需求的前提下，要适应各教育教学的工作特点，做到简单、实用、人性化。实现统一身份和资源管理、统一认证、统一内容管理、个性化界面和内容定制。

(5) 高可靠性

专业建设与教材管理服务平台涉及内容复杂，所以服务平台要保证系统的可靠性和安全性。系统设计中，应有适量冗余及其他保护措施，平台和应用软件应具有容错性、健壮性等。

(6) 可维护性

系统设计应标准化、规范化，按照分层设计，软件构件化实现。对于采用的软件构件化开发方式要满足：系统结构分层，业务与实现分离，逻辑与数据分离；以接口为核心，使用开放标准；构件语意描述要形式化；提炼封装构件要规范化。

(7) 可伸缩性

考虑到系统建设是一个循序渐进、不断扩充的过程，系统要采用积木式结构，整体构架的考虑要与现有系统进行无缝连接，为今后系统扩展和集成留有扩充余量。

5.3.2 专业建设与教材管理平台的主要功能

专业建设与教材管理服务平台的主要服务对象是教师和学生，上级主管部门的信息库和教材部的单位。主要包括以下功能。

(1) 教材档案动态管理

教材档案动态管理的主要功能包括：以政府为主导的多级信息采集及填报，建立适合职业教育的教材信息档案，包括：任课教师信息、使用专业信息、教材出版信息、作者信息、使用人数信息、出版年份及版本信息等。

(2) 综合教务系统

本系统是基于系统工程与软件工程的思想，在充分考虑高校教务管理过程中的各个环节和影响因素的基础上，运用计算机技术、网络技术、数据库技术等，优化并集成教务管理数据，最大限度地实现数据资源共享，使教务管理能逐步走向无纸化、科学化、网络化、信息化。

(3) 教学资源平台

《国家级职业教育专业教学资源库建设与应用分析报告(2016)》尝试对资源库给出定义：由职业院校牵头，行业企业共同参与，以职业教育专业为依托，利用现代信息技术，通过共建共享集合全国优质教学资源，满足职业院校师生、企业员工和社会学习者"能学辅教"需求的在线教学和学习系统。

教学资源库是伴随着国家教育信息化的过程而形成的一种将资源合理积累、存储、使用的网络系统。教学资源库建设平台要以资源共享为目的，以创建精品资源为核心，面向海量资源处理，集资源分布式存储、资源管理、资源评价、知识管理为一体的资源管理与教学的平台。

(4) 顶岗实习系统

顶岗实习系统主要是针对即将在职业院校毕业的学生的实习的实况的记录，主要实现的功能是对该校学生在实习期间，对工作的情况的描述的记录和对该学生在校期间老师的评价和对记录实习期间的工作状况的评价，同时还记录企业负责人对该名学生的实习状况的评价，记录了学生的表现情况，同时还有对学生表现情况的整体打分。

（5）实践教学测评

中共中央、国务院印发的《深化新时代教育评价改革总体方案》从学校、教师、学生多个方面对我国教育评价改革提出了新的要求。然而传统教育评价方法已无法满足我国教育评价的需求，也无法为我国教育评价改革提供有效的支持。人们期望采用更可靠、更高效、更智能的手段整合多维度、多层次的信息，制定更具准确性和解释性的测评方案，来推动教育评价改革顺利开展。

实践教学是教学工作的重要组成部分，是理论教学的继续、扩展和深化。教育评价改革需要新型的测评技术作为支撑，智能化测评通过引入人工智能新技术，以更可靠、更高效、更智能的手段整合多维度、多层次的信息，形成更具准确性和解释性的测评方案。智能化测评技术依托教育场景大数据，应用人工智能技术手段，在多个教育场景中均已产生丰富的研究成果。整体来看，随着教育评价改革任务的推进，各项测评场景趋于联动发展，数据趋于多元化，模型算法趋于复杂化，测评的准确性与实时性有所提高，更多的产品化应用将逐步涌现。随着人工智能和教育心理测量的深度融合，智能化测评要吸取传统测评的优势，努力提升模型的可解释性，将传统测评手段应用在建模过程中来提高评估的精细化和针对性，并加强系统的信效度检验，提高测评的实用性和有效性。

5.3.3 教材管理平台建设目标

学校内部管理实效的提升离不开教材管理的支持，科学的教材建设管理成果除了可以增强学校所培养的人才质量，更可以帮助学校形成独有的竞争优势。学校及教材建设管理相关工作人员应当充分合理地利用数字化时代优势，积极发挥主观能动，创造条件，整合资源，进一步提升教材建设管理实效。

（1）树立数字化教材建设管理理念

保证建设理念及时更新，从某种意义上讲，教材建设管理便成功了一半。有了正确的思想理念为指导，教材建设管理的工作条理将更为清晰，方法与手段也将更为得当。需要明确的是，借助数字化发展优势去增强教材建设管理效能，不是追求信息技术的"多多益善"，而要保证所使用的信息技术的合理性、适用性，做到与改革之后的教育理念的完美契合。学校应当成立教材数字化建设管理工作领导小组，明确领导职责，压实教材建设管理责任，自上而下地引起重视。同时加大宣传，铺垫好动员工作，确保每一位教职工都能正确看待教材数字化建设管理工作，在思想上达成统一，做到"心往一处想"，利用数字化便捷、高效的特征去吸引相关工作人员主动在教材建设管理中使用信息技术、创新管理方式。

(2)完善数字化教材建设管理体系

学校应当以制度建设为抓手，为本校的教材建设管理工作指明方向，规划路径，让管理人员的工作负担和压力能够在一定程度上得到减轻及缓解。数字化管理体系逐步完善之后，有关教材信息的收集、问题的反馈都可以借助网络技术或数字化设备去处理，在保证教材管理信息及时更新的同时也可以做到问题的有效化解。教材建设管理涉及的内容面广且杂，信息技术对比人工优势明显，各学校可在精准分析自身教材建设优势面与缺失面的基础上，目的明确地强化管理体系中的"留白处"。如开发校本信息管理系统，从管理功能的规划、管理功能采购权限设置以及管理教材的入库与出库方面去加以完善。在规划系统管理功能时要在信息准确性、全面性以及完整性的基础保障之上针对性地对教材信息加以归整，做到教材订单目录的快速可操作，保证全体师生搜索、查找、修改、生成等需求的高度满足。而在教材采购事项上，做好事前沟通工作，一是了解学生需求，二是参考教师意见，二者缺一不可。综合考虑后，以教育功能最大化为原则敲定教材采购清单，提供准确师生教材数量、种类以及出版信息。关于教材的出入库要做到入库及时、登记详细，以便教材管理人员能够在系统中快速查找信息，动态监管教材出入库全过程，在提升教材利用率的同时尽可能地规避损耗。除此之外，学校应当基于新形态教材，构建网络资源库，打造网络空间。充分利用数字化时代信息的便捷性与广泛性将书本与课程紧密衔接，为纸质教材提供更具个性的数字化补充资源，进而保障教材能够适用于课堂教学，为师生的教与学提供完善的资源服务。考虑到当前突发公共卫生事件对教学工作的影响，学校教材建设管理者应深度开发纸质书PDF+网络(直播)模式，帮助师生摆脱使用纸质教材受制于空间以及时效的困扰，让师生能够通过正规渠道去获取电子教材。

(3)加快数字化教材建设管理进程

要想做到教材建设管理成果能够始终与学校教学要求保持一致，就需要在当前教材建设管理模式之中添加更为丰富多元的信息化元素，利用计算机网络信息技术改变传统教材管理方式，使管理更具信息化特质。在数字化背景下，不论是教学管理抑或是教学网络体系都变得愈加完善，同时个人管理模式也在不断实践的过程中变得愈加成熟，学校可以从中寻求到强有力的信息环境支持与网络支持，为教材建设管理信息化与个人教材管理经验累积创造条件。故而，充分挖掘教务管理系统价值，合理利用微信、微博、官方抖音等多媒体平台，建立既满足学生素养发展要求，又适应其学习发展规律的全新信息化教材管理模式，借网络管理之力，简化师生工作、学习步骤，让师生在系统网络平台便可以选定教材、查询教材以及给出评价，为师生有效规避时间、空间等因素造成的相关干扰。教材建设管理人员将线下办公转移至线上，不仅为教材资源共享打开方便之门，更大大提升了管理质量与服务水平。具体建设中，学校可从以下三方面落实。

①完善数据库，做好教材留样。对于学校每一年所使用的教材，要及时汇总相关信息，如教材的作者、版况、版别以及教材服务的专业情况等，完善教材信息库数据，开放线上查询权限，让教师可以通过分类查询掌握真实的教材应用情况，并在此基础上完成教材筛选、确定工作。同时，学校还应当做好样书收集工作，整理好来自不同出版社提供的样书、征订目录、书目情况，按照类别的不同陈列摆放，及时添加电子书目，补充教材样书库，为教师提供更为翔实、直观以及便捷的选参依据。

②借助数字化为教材征订工作提供信息。各大出版社以及新华书店在每个学期出版发行、出售的教材并不完全一样，学校教材建设管理人员利用信息化及时、详尽地收集教材信息，有效整理后第一时间借助数字化平台予以发布，并且随时补充最新教材信息，在设置检索词条时按照版别、词条、精品教材、出版社信息等分类，保障教师对于教材的编写出版情况掌握始终处于最前沿，以此实现教材使用的充分性、准确性与快捷性。与此同时，教材建设管理人员及时完整地将教材的出版信息数据分批导入至教务管理系统子系统，细化教材管理，各个专业以子系统中的数据为依据，按要求上传教材征订清单。与传统征订方式相比，利用网络开展的教材征订，所反映的教材信息更为全面、详细，出错率较低，对于后续的教材征订工作来说具有实际的参考意义，在数据统计工作方面优越性更强。

③学校通过教材建设管理信息化评价机制的建立，强化建设。做到教材质量追踪常态化，收集到的信息及时反馈，持续追踪所使用教材质量，能够有效监督教材建设管理成果。在完善教材评价指标的同时健全评价制度，让教材建设管理人员能够借助网络管理平台，向教师及学生了解教材的使用感受、使用问题、教材质量等情况，综合分析，客观评价。管理人员需要主动坚持跟踪教材质量，将教材使用信息反馈制度落实到工作日常。

(4)健全数字化教材建设管理基础

学校管理层要大力支持教材建设管理工作，每年将此项工作包含进学校的年度工作计划，根据学校实情保障建设经费。此外，学校各管理部门要在教材建设管理效率提升问题上达成共识，促成合力形成，做好人才与资金保障。教材建设管理领导负责制定系统建设目标，明确基础建设内容，抓好基础设施保障工作，监督教材建设管理过程，确保信息化科学且充分的融入。同时，加快自有数据库的建设及完善，秉承资源共享原则，促进共同发展目标的实现。在掌握必要数据库技术的前提下，结合信息技术，建设以数字化教材为主要素材的信息库，推进教材建设管理逐步实现信息资源网络化过渡。值得注意的是，教材管理效率的高低以及其使用频次的大小，很大程度上取决于数据库建设质量的好坏，因此学校必须保证信息的质量，做到情况真实、数据准确、内容有效，如此才能让教材信息资源最大程度地服务于学校各个部门的工作。

数字化背景下，大数据势态已然形成，学校应当懂得把握风口借力发展，借信息技术的发展优势去提升教材建设管理实效，为高质量教育教学活动的顺利开展做好教材保障，将数字化教材建设作为学校持续发展的一大战略。加大重视程度，全力保障教材建设的资金与技术，增强教材数字化建设管理"硬实力"，在提升师生教材建设必要性认识的同时帮助教材建设管理人员提升信息技术应用能力，提前规划，锐意创新，坚持教材建设常态化，用好数字化教材建设管理经验，形成校本化教材建设管理体系，引领学校数字化教材建设管理。

第6章 职业教育与教学管理现状

随着我国教育体制的深入改革，职业教育的发展受到社会关注。职业教育院校，是培养应用型人才与技术型人才的主要阵地，加强职业教育的力度，对于社会人才的培养有着积极的影响。在教育改革的今天，职业教育发展面临的挑战越来越大。高等教育扩招政策的开展，使得职业教育学校的生源质量大大下降，加之职业教育学校管理存在问题，职业教育的未来何去何从，是一个亟待解决的大问题。

大部分职业院校的学术氛围不足，没有创新管理的机制，也没有激励学生进行科学研究的制度。职业教育的管理体制大致分为政府管理与政府相关部门管理、企业管理与行业管理几种，管理体制的多样化，使得职业教育的管理情况较为复杂。

6.1 职业教育与教学管理体系

6.1.1 当前职业教育的体系困境

职业教育是我国教育体系的重要组成部分，关注职业教育的发展，对于社会应用型人才与专业型人才的培养都有着直接的作用。然而，教育事业的改革却给职业教育发展带来了新的机遇与挑战，如何正确迎接机遇，了解教育发展形势，开发正确的管理与教学手段，会促进职业教育的快速发展。摆在我们职业教育改革面前的还有四个问题或是困难有待解决。第一个问题是教育体系的重新设计。我们需要重视教育公平和平等，政府需要回应老百姓的期待。第二个问题，我们的职业教育在有些地域还达不到要求，一些不发达地区的职校存在很多问题，职校教育完全是放羊，就像个大幼儿园，学生的文化课没学好，学风和校风也不好，技术也没有学到。

6.1.2 教学管理的体系困境

高职院校教务管理体系的主要不足如下：

(1) 缺乏整体规划：教务管理部门使用了多套相对独立的系统，没有统一的信息标准，开发厂商的不同、技术异构造成系统之间的数据共享困难，部门内就形成了多个相互独立的信息孤岛。

(2) 缺乏持续性建设：不愿意购买系统提供商的服务，缺少长期合作的系统提供商，导致系统不具备与时俱进的生命力。

6.1.3 专业建设与教材管理平台服务现状

教育教学是职业教育办学的基本要素，也是提升人才培养质量的关键环节。受教育部职业教育与成人教育司委托，中国教育科学研究院牵头完成了《2020 中国职业教育质量年度报告》并面向社会发布。报告显示，近年来，职业院校持续推进治理能力现代化建设，创新育人模式，优化专业设置，深化课程改革，加强质量保障，不断提升教育教学水平。在专业建设方面，对应战略性新兴产业需求进行专业设置，初步形成了专业动态调整机制。以集群发展为抓手推动专业建设，经统计，29 个省、自治区、直辖市立项的 253 个专业群，覆盖了 18 个高职专业大类，排名前三的装备制造大类、交通运输大类和电子信息大类，与国家重大战略和区域支柱产业契合。在课程改革方面，持续推进"思政课程""课程思政""三全育人"建设，积极推动校企合作开发课程与教材，加快引入国际课程教学模式，大力推进教学资源库建设。截至 2019 年年底，国家级资源库共建设了 6000 余门标准化课程，衍生超过 13 万门个性化课程。高职院校国家级精品课程数量与省市级精品课程数量均稳步增长，2019 年国家级精品课程数量达到 2978 门，比 2016 年增加了 37.87%，省市级精品课程数量达到 15080 门，比 2016 年增加了 25.50%。职业院校专业建设平台服务的现状是多方面的，包括以下几个方面。

(1) 平台建设

目前，国内职业院校专业建设平台已经有一定的建设规模，在技术上也逐步得到完善。平台主要通过采用云计算、大数据、人工智能等高科技手段，为教育工作者提供在线教学资源、教学设计、课程管理、知识管理等服务。

(2) 内容创新

职业院校专业建设平台需要按照职业教育发展的趋势，制定职业教育课程标准，以此为基础进行课程设置,依据不同行业需求和特点,构建相应的职业教育课程体系。需要专业的教育资源开发人员和教师来参与课程内容的制作和审核。

(3)教师培训

为了保障教师的专业素养和教学水平,职业院校专业建设平台还需要为教师提供在线教学培训课程及相关教学活动指导,不断更新教师的教学理念与技能。

(4)服务水平

职业院校专业建设平台服务质量需要得到保障,包括为用户提供平台接入、技术支持、培训指导、售后服务等全方位服务保障,建立完善的服务体系,对用户提出的问题及时解答和处理。

①职业院校专业建设平台服务现状正在逐步发展和改进中,需要各方力量共同参与,不断完善平台建设和服务体系,以推动我国职业教育事业的发展。

②专业建设与教材管理平台服务的现状是不断发展和完善的。随着数字化技术的快速发展,越来越多的高校和教育机构开始使用专业建设与教材管理平台,以便更好地管理学生和师资资源。

③专业建设平台主要提供课程设计、教学管理、教学评估等功能,可以帮助教师根据学科特点和学生需求,设计出符合教学目标的课程。同时,它还可以协助学校制定教学计划、管理课程资源和评估课程效果,以提高教育质量和学生综合素质。

④教材管理平台则提供了教材选用、采购、编写、审评、出版、发行等环节的支持,可以让学校更加科学地管理教材资源,提高教学质量和效率。此外,教材管理平台还可将教材数字化,提供在线阅读和交互式学习体验,以满足学生和教师的需求。

总体来说,专业建设与教材管理平台服务的现状是比较成熟和完备的,在未来还会有更多的技术应用和服务模式不断涌现,以更好地满足教育需求。

6.2 职业教育与教学管理建设困境

6.2.1 职业教育存在的问题

通过对我国当前职业教育的现状分析可发现,经过几年的快速发展,职业教育的成就越来越大。但发展问题也不断出现,下面是笔者所发现的几点问题。

(1) 职业教育生源质量下降。

高校招生量的扩大，使得本来就不高的高职院校招生标准再一次降低，因为只有降低了招生标准，才能有效完成学校的招生计划。在近些年的职业教育招生工作中，甘肃东方工业中等专业学校老师发现，某些职业教育专业的分数每年都在下降，招生计划也可能随时进行调整，有时甚至需要招录一些落榜生才能完成招生目标。新生报到率不足，已经成为影响高职院校发展的重要问题之一，高职院校所录取的学生质量不高，大大影响了学校的声誉以及教学成果。高职学生的起点过低，让职业教育学校的教育工作面临更大的挑战。

(2) 职业资格证书协调机制不足。

职业教育学校的学生，只有取得了相关专业的职业证书，才会在未来的社会竞争中提高自己的竞争能力。但是，我国的许多职业资格证书的含金量不足，职业资格证书的权威性下降，影响了行业内人士对职业资格证的认可度。在职业教育过程中，受到学校教育目标的影响以及社会用人要求的影响，学校将学生的双证书与多证书制度看得较为重要。职业资格证书的发证单位多种多样，教育考试院、社会保障机构以及信息产业组织都有职业资格证书发放的权力，职业资格证书的审定与发放工作责任不明，造成职业资格证书的协调机制不足，影响了职业资格证书的实际质量。

(3) 职业教育管理体制不尽先进。

我国的职业院校办学理念较为传统，具有较为深厚的传统管理思想。许多职业教育学校都是在传统的计划经济环境中建立起来的，行政化程度较深。学校内部的人事管理制度比较落后，且学校的管理人员的管理职责不尽明确。大部分职业院校的学术氛围不足，没有创新管理的机制，也没有激励学生进行科学研究的制度。职业教育的管理体制大致分为政府管理与政府相关部门管理、企业管理与行业管理几种，管理体制的多样化，使得职业教育的管理情况较为复杂。

6.2.2 教学管理存在的问题

传统的教学管理模式对应试教育阶段中学生成绩的提高，教学质量的保证起到一定的促进作用。但是，随着社会的不断发展，传统的教学管理模式已经不适应现在的教育需求，呈现出的问题也越来越多。主要有以下几方面。

(1) 传统的教学管理方式过于古板

传统的教学模式过于古板，教学理念过于老旧。在教学理念、教学大纲、教学目的、教学大纲上都局限于原来传统的教学模式，使得课堂教学枯燥乏味，缺少趣味性与灵活性。而且传统的教学管理模式不是以学生为主体的教育模式,学生被动地学习,无法提高自己主动学习的能力。

(2)传统的教学管理内容过于简单

许多的高职院校的传统教学管理内容都是统一没有变化的,对于学生来说教学模式过于简单,阻碍了学生自身的全面发展。在应试教育阶段,这种传统的教学管理模式对教学成效是有一定促进作用的,但是在当今社会,这种过于统一简单的教学管理内容,使得整个教学活动变得一成不变,教学内容老旧,无法引起学生的学习热情,不利于学生的全方面发展。

(3)传统的教学监督体制过于片面

良好的教学监督体制对高职院校的教学管理起到促进作用。但是,这一点却被很多高校及老师所忽视,存在高职院校的教学监督体制只是走一个形式没有实质性作用的问题。因为,高校还没有确定的教学监督体制以及教学管理手段,使得高职院校的教学管理工作开展得并不顺利,阻碍了高校教学管理的正常发展。

6.3 职业教育与教学管理应用现状

职业教育在我国已经逐渐受到越来越多的关注,职业教育与教学管理应用也得到了快速的发展和广泛的应用。

(1)在教育政策的推动下,我国职业教育得到了更多的支持和关注。各级政府和学校纷纷加强了对职业教育的投入和管理,建立和完善了职业教育课程、教材、师资、实训等方面的制度和体系。

(2)随着互联网、大数据、人工智能等新一代数字技术的不断发展,职业教育与教学管理应用也得到了快速的升级和拓展。例如,通过在线学习平台和移动学习应用,学生可以随时随地进行自主学习和教学资源共享;通过VR/AR技术和智能化教学设备,学生可以获得更加真实和生动的实训体验和技能训练。

总体说,职业教育与教学管理应用现状是正向发展、不断创新和不断改进的。未来,应用技术的革新和政策的支持将继续推动职业教育与教学管理向更高质量和更有效率的方向迈进。

6.3.1 职业教育与教学管理信息化的需求

随着信息技术的快速发展,职业教育与教学管理也需要进行信息化建设和管理,以满足教育现代化的要求。以下是职业教育与教学管理信息化的需求。

(1) 教学资源共享

职业教育各个领域需要拥有丰富的教学资源，包括数字化的课程、教材、多媒体教学资料等。信息化建设可以实现教学资源的在线共享、互动、交流，让学生和教师能更加便捷地获取所需的教学资源。

(2) 教学管理智能化

信息化的应用可以通过数据采集、分析和挖掘，实现教学过程和管理的智能化。例如，教育管理人员可以利用大数据对学生的学习状态、教学效果等进行跟踪和分析，制定更加科学有效的教学方案，及时调整教学策略。

(3) 实训设施智能化

职业教育中大量涉及实训环节，信息化建设可以提升实训设施的智能化水平，提供更加智能化的实训设备和虚拟实训软件，使得学生能够在更加真实的场景下进行实训。

(4) 课堂教学互动化

信息化建设可以实现课堂教学的互动化，提供在线教学平台、移动学习应用等工具。学生和教师可以通过这些工具进行即时交流和互动，促进教学效果的提高。

以上需求是职业教育与教学管理信息化需要满足的主要方面。信息化建设能够提高职业教育的质量和效率，为学生提供更好的教学环境和实践经验。

6.3.2 职业教育与教学管理信息化的现状

当前，职业教育与教学管理信息化已经成为我国教育改革和发展的重要方向之一。许多学校和机构开始采用信息化手段来提高管理效率、优化教学资源配置、推动教学质量提升。

在职业教育领域，很多学校已经开展了面向产业需求和就业导向的专业设置和课程设计。同时，职业学校也在逐步推广使用数字化技术和信息化手段来支持实践教学，例如VR、AR等技术的运用，可以帮助学生更好地了解和掌握实际操作技能。

在教学管理方面，信息化手段也为学校提供了更加便捷和高效的管理方式。例如，学校可以通过信息化平台对学生的考勤情况、成绩、课程安排等进行实时管理和监控。此外，学校还可以通过信息化手段实现资源共享和教学协作，如在线教学平台、网络课堂等。

职业教育与教学管理信息化已经成为趋势，校园信息化建设已经逐渐得到重视和推广。未来，我们可以期待信息化手段在职业教育和教学管理中的更广泛应用和深度发展。

第7章　职业教育与教学管理典型案例

2022年4月20日，十三届全国人大常委会第三十四次会议表决通过新修订的职业教育法。这是该法自1996年颁布施行以来的首次大修。新职业教育法自2022年5月1日起施行。

经济社会发展需要越来越多的大国工匠，而培育大国工匠，离不开丰沃的土壤——高质量的职业教育。2019年8月，习近平总书记在甘肃省张掖市山丹培黎学校考察时指出，实体经济是我国经济的重要支撑，做强实体经济需要大量技能型人才，需要大力弘扬工匠精神，发展职业教育前景广阔、大有可为。

党的十八大以来，尤其是国务院颁布《国家职业教育改革实施方案》（简称"职教20条"）以来，我国职业教育改革发展走上提质培优、增值赋能的快车道，职业教育面貌发生了格局性变化。如今，我国共有1.13万所职业院校、3088万名在校生，建成了世界规模最大的职业教育体系，培养了一大批支撑经济社会发展的技术技能人才。

（1）从层次到类型，打破职业教育天花板

职业教育是类型教育，不是层次教育，和普通教育同等重要。现在，鲜明的政策导向得到了立法保障。类型教育的明确定位像一根红线，串起了职业教育改革的方方面面，许多关键难题得到破解。

本科职教，应运而生。目前，我国职业本科教育现有32所高校，在校生12.93万人，2021年招生4.14万人。《关于推动现代职业教育高质量发展的意见》明确，到2025年，职业本科教育的规模将不低于10%。

以山东为例，山东省2012年在全国率先建立"文化素质+职业技能"的职教高考制度，当年安排本科招生计划2600个，报名人数3万多人。2022年，山东"职教高考"本科招生计划增加到1.8万个，报名人数达到20.9万人。

职业教育发展天花板，已经被打破。河北工业职业技术大学就是其中的受益者。河北工业职业技术大学正抓紧在硬件指标完善、专业内涵建设、治理能力提升、产教深度融合等方面下功夫，朝着职教类型特色鲜明、高水平职业技术大学的发展目标全面发力。

牵动职教改革牛鼻子的考试招生，也在改变。目前，分类考试招生成为招生主渠道。

愿意参加技能高考的学生越来越多，学校录取的这类学生也在稳步增加。2021年，武汉职业技术学院1200名技能高考毕业生就业率为98.06%，其中升学人数339人，升学率为27.34%。全国高职分类考试招生超300万人，超过高职招生总数的60%，成为职业院校招生主渠道，促进了教育合理分流。

(2) 组合夯实基础，人才培养迈向高质量

2019年11月初，第三届世界技能大赛俄罗斯欧亚公开赛在俄罗斯叶卡捷琳堡举办。作为河北工业职业技术大学智能制造学院学生王硕凭借过硬的专业技能，一举摘得了数控车削赛项的个人银牌。无锡职业技术学院汇川机器人创新班学生涂福涛收到了中航工业雷华电子技术研究所、施耐德电气等多家单位的录取意向。不安于现状、喜欢挑战的他，最终没有选择进入事业单位或世界500强企业，而是决定去北京一家主营教育机器人设备的公司，成为一名嵌入式工程师。

2021年11月，涂福涛参加第二十届全国大学生机器人大赛时，就被该公司看中，并抛出橄榄枝。作为国内最早开设工业机器人技术专业的高职院校，无锡职业技术学院的毕业生就业匹配度持续走高。工业机器人技术专业，主要面向工业机器人系统集成及相关自动化系统的操作与运维等工作，近3年来平均就业率为98.43%，平均就业对口率达到80.27%。这是王硕、涂福涛们奋斗的结果，更是我国技术技能人才培养质量持续提升的缩影。近年来，金华职业技术学院毕业生去向落实率保持在97%以上，10%以上毕业生在国企、央企、事业单位工作，近20%的毕业生成为医疗和教育战线的骨干力量。浙江经济职业技术学院商贸学院，在不断探索中找到了适合的人才培养模式和校企合作模式。以工作室为载体，与数十家公司开展深度产教融合，打造"产、学、研、培、赛"五位一体的校企双元工作室运营团队。通过"多方共建、双元共管、资源共享、人才共育、项目共营、成果共有"机制，形成了可持续发展的校企命运共同体，既提高了人才培养质量，又在生产实践、教学科研等方面取得丰硕成果。

近年来，职业教育培养了一大批支撑经济社会发展的技术技能人才，在服务国家战略、服务区域发展等方面发挥了重要作用。全国职业学校开设1300余个专业和12万多个专业点，基本覆盖了国民经济各领域，有力支撑我国成为全世界唯一拥有全部工业门类的国家。

(3) 完善制度体系，服务国计民生水平日益提升

职教质量高不高，最终要用贡献说话。

海南科技职业大学教授黎冬楼，在服务国计民生方面交出了一份亮眼的成绩单。在当了10年船舶驾驶员和船长后，他选择入职海南科技职业大学，任海事学院院长。此后，黎冬楼积极构建与国际规则衔接的船员教育培训体系，培养了一支"上得了讲台、能维修船舶设备、开得了船"的双师型教学团队。并推动学校成为省内唯一一家拥有海船、内河、

渔船、游艇等类型全部适任资格证书培训资质的单位。

近几年,海南科技职业大学已为海南省各类航运企事业单位培训考核船员 300 多次,培训各级各类船员 3 万多人次,一定程度改变了本省航海技术专业人才培养和涉海人员技能培训长期依靠省外的局面。

服务地方发展,还有实打实的数字支撑。2019 年高职扩招 116.5 万人、2020 年高职扩招 157.4 万人、2021 年高职扩招 139.4 万人,他们中有退役军人、下岗失业人员、农民工。高职扩招为社会培养高素质技术技能人才的同时,也有效缓解了严峻的就业形势。

"双高计划"是引领职业教育新一轮重大改革的排头兵。中央财政每年引导资金 20 余亿元,带动大量资源、资金向职业教育聚集。其中,立项建设的 253 个高水平专业群面向战略性新兴产业、先进制造业等,有力支撑了国家现代化经济体系和区域经济社会发展。

职业教育制度体系的不断完善,成为职教十年发展硕果累累的关键之处。"十三五"期间,我国建立健全以职业教育和普通教育"双轨"运行为标志,以纵向贯通、横向融通为核心,同经济社会发展和深化教育改革相适应的新时代中国特色职业教育体系。"十四五"期间,职业教育需要重点关注三方面:一是完善现代职业教育体系,进一步强化职业教育类型特色,加快实现纵向贯通和横向融通;二是提高职业教育质量,健全职业教育质量保障体系,切实增强职业教育适应性;三是提升职业教育服务能力,适应产业经济发展趋势,深入推进产教融合,加快形成职业教育多元化办学格局,为全面建设社会主义现代化国家提供有力人才和技能支撑。让职业教育有学头、有盼头、有奔头。

7.1 北京青年政治学院典型案例

随着高职教学改革的深入,人才培养模式日趋多样化、需求日趋多元化,教学管理的复杂性不断增长,原有的教学管理机制与信息系统明显不适应这些新变化、新需求。北京青年政治学院通过对教学管理的理念创新、模式创新、机制创新,借助信息技术,创建了多系统、宽覆盖、重创新、个性化、重服务、高效率的现代化教学支撑平台,构建了"3+2"和三年一贯递进式一体化的教务管理运行机制。

北京市发布《关于推动职业教育高质量发展的实施方案》。如何立足职业教育培养堪当民族复兴重任的技能型人才,是北京青年政治学院(以下简称"北青政")立足新时代,站在发展新时期,面对新教育对象,要破解的重要课题。近年来,学院深化思想政治工作,通过一种精神、三个阶梯、六个维度,构建"燧石工程"青年政治特色教育品牌,培养政治素质高、综合能力强、有一技之长的技术技能型先锋青年人才。

现代化教学支撑平台的系统建设目标是：利用先进的信息技术，建成现代化教学支撑平台，支持学校各项人才培养改革计划，为教学管理部门建立科学化、规范化的管理与决策平台，为师生提供良好的网络教学环境，为各类用户提供集成的信息服务，为学校建立"政治、青年、人文"特色人才培养体系提供全面信息化支持。

实践教学是职业院校办学的主要特征，是推动高职院校实现校产教融合、校企合作、工学结合、知行合一的共同育人机制改革的关键抓手，是培养学生职业技能和综合素养的特色阵地。北京青年政治学院从 2008 年开始依托北京市教学改革重点项目在全国率先开展文科类高职实践教学研究。经过理论研讨、模式创新和 10 年教学实践检验，构建形成以"一老一小一青年"为代表的高职院校文科类专业"多学期分段递进"实践教学体系。

落实立德树人"一个根本任务"，构建"三年一贯递进式课程思政培养体系"，打造课堂教学、实训学期、顶岗实习、社会大课堂"四个阵地"，抓好课程、基地、师资队伍、制度、监控体系"五项建设"，推进三全育人。

7.2 北京经济管理职业学院典型案例

北京经济管理职业学院聚焦创新创业型人才培养，积极推动大众创业、万众创新向纵深发展。2020 届毕业生创业率为 5.31%、就业率为 97.63%，实现了学校就业创业工作的高质量发展。

专业建设取得突破性成果。学校立足服务北京"四个中心"及"两区"建设，紧扣数字经济发展人才需求，深化专业改革。临空经济管理、数字财金、人工智能、宝玉石鉴定与加工、国际教育服务 5 个专业为北京市职业院校特色高水平骨干建设专业（群），7 个工程师学院、大师工作室为北京市职业院校特色高水平建设实训基地，其中"数字视效生产性实训基地"和"西门子智能制造实训基地"入选教育部认定的生产性实训基地。学校入选教育部首批人工智能学院试点院校、"中国工艺美术大师传承创新基地院校""全国职业院校传统技艺传承示范基地"，是教育部第三批现代学徒制试点单位。牵头成立北京数字经济职业教育集团、北京永定河文化研究院，产教融合深度推进，获评"2020 年全国职业院校产教融合 50 强"。

人才培养质量实现新提升。近年来，学生获市级以上技能竞赛奖项 320 余项，其中全国职业院校技能大赛一等奖 1 项、二等奖 1 项、三等奖 2 项；在中国国际"互联网+"大学生创新创业大赛中获国家银奖 1 项、铜奖 6 项，233 个项目获北京市赛区奖项；在第十二届"挑战杯"中，获国赛三等奖 1 项、北京市 1 金 2 银奖项。学校获第二届"中英'一带一路'国际青年创新创业技能大赛"中国区总决赛杰出院校奖,连续两年荣获"青年服务国家"首都大中专学生暑期社会实践先进单位。毕业生就业率在98%以上,专升本率、创业率居北京高职院校前列,获"北京市普通高校毕业生就业创业工作先进集体"荣誉称号。

社会培训服务品牌优势明显。作为原国家经贸委企业经营管理人才重点培训基地,北京市安全生产高端培训示范基地,学校坚持传承创新、育训并重,构建了培训服务新体系,年培训规模1万余人次,涵盖企业管理、安全生产、应急管理、基层党建、对口援建、社区公益、科学实践等,培训规模、培训层次均居市属高职院校前列。2019年学校被认定为"北京市民终身学习示范基地",2020年学校入选首批北京市高精尖产业技能提升培训机构、首批首都职工教育培训示范点,首批校企合作"双师型"教师培养培训基地,河北省及廊坊市退役军人教育培训基地。

国际化办学特色显著。作为国内最早开展对外交流与合作的高职院校之一,学校自1984年开始探索国际化办学。学校坚持"引进来""走出去"相结合,已与英国博尔顿大学、英国德比大学、澳大利亚墨尔本理工学院等近30所国外优质院校和教育机构建立友好合作关系,开展联合贯通培养、教育教学模式改革、职教资源交流等形式多样、内涵丰富的合作项目和交流活动,构筑多领域、多层次、全方位的国际化办学体系。已累计对来自约100个国家的1万余名留学生进行了汉语培训、商务汉语专科教育及中国文化特色课程培训。学校获评"全国高职院校国际影响力50强",连续两年获"中泰职业教育国际合作突出贡献奖"。

全国职业教育大会召开,国家大力发展职业教育的良好政策环境以及"京津冀协同发展"、北京市"两区"建设等重大战略的加快推进,为学校发展带来了重要机遇,提出了更高要求。立足新发展阶段、贯彻新发展理念、构建新发展格局,学校将紧抓机遇、乘势而上,以改革创新的胆识和气魄,以勇于争先的精神和智慧,不断深化教育教学改革,激发体制机制活力,向建设"特色鲜明、国内一流、人民满意的高职学院"的发展目标不断迈进。

7.3 北京交通职业学院典型案例

2009年,北京市委、市政府批准成立以北交院为核心的全市首个职业教育集团——北京交通职业教育集团。北交院在集团内搭建了交通职业人才培训平台、交通培训师资平台、交通职业技能实训及鉴定平台、交通应用技术研发平台、交通职业人才流动平台五大合作平台,建立校企协同育人模式,实现了职教集团内产业链和教育链、产品链和教学链的深层次融合。产教融合、校企合作是职业教育的基本办学模式,也是职业教育最突出的办学优势。10 年来，国家层面陆续出台并实施《关于深化产教融合的若干意见》《建设产教融合型企业实施办法(试行)》《职业学校校企合作促进办法》等一系列政策，建立健全政府主导、行业指导、企业参与的办学机制，鼓励行业企业全面参与教育教学各个环节。北交院通过与北京地铁、京港地铁、北京公交、首发集团、丰田公司、上海通用等企业合作，建立了人才培养对接产业需求的校企"双元培养"模式；入选教育部"2021 年度产教融合校企合作"典型案例；中高本贯通项目完成素养赋能教育教学改革；9 项成果获得 2021 年北京市职业教育教学成果奖；被丰田公司评选为"品牌建设样板校"，被上海通用评为"全国最佳 ASEP 合作院校"……经过多年摸索与发展，北交院获得了丰硕的校企合作成果。北京市委办公厅、市政府办公厅印发《关于推动职业教育高质量发展的实施方案》，提出开展"入学即入职、工学结合"培养模式试点，探索校企共建企业学院、产业学院，扩展职业学校办学空间。

2022 年初，北交院围绕产教融合、校企合作而衍生的新型办学模式，与诸多行业企业开展合作。目前，北交院已经与行业企业共同成立智慧城市产业学院、北京东职国际智能融媒体产业学院，轨道交通通信信号产业学院也在筹备建设中。2022 年智慧城市产业学院计划将招收首批 30 名学生，主攻安全智能监测技术和物联网技术方向，面向企业生产测试工程师、项目工程交付工程师、市场营销、现场应用工程师、传感器标定工程师、智能视频运维工程师等岗位需求进行联合培养，实现"入学即入职，学习即上岗，毕业即就业"。

2020 年，北交院新增建设项目信息化管理(BIM 应用)、测绘工程技术(无人机应用)、水路运输与海事管理 3 个专业。2021 年，新增飞机机电设备维修(大兴国际机场)、飞机电子设备维修(大兴国际机场)和人工智能技术应用(车路协同互联技术)3 个专业。2022 年，新增融媒体技术与运营、港口与航运管理两个专业。

纵观近 3 年北交院新增设的专业，能够看出学院一直伴随行业发展不断调整专业设置，以适应北京现代化综合交通运输体系建设的要求，持续提升行业人才培养质量。

北交院已经形成了城市轨道交通、汽车服务与管理、交通管理与信息工程、道路桥梁工程、古建筑五大专业群。学院主要面向北京地区招生，北京生源占 90%以上，近 3 年就业率稳定在 99%，毕业生在北京市交通运输行业一线岗位就业，起薪点和职业发展均优于全国同类院校。自 2010 年以来，学院共向北京交通行业输送毕业生近 2 万人，较好地满足了交通运输行业企业用人需求。

实训基地是职业院校培养高素质技术技能人才的重要载体。北交院围绕五大专业群，建立了理论实践一体化的产教融合实训基地。其中，城市轨道交通实训基地完全按照北京地铁运营线路的真实环境和岗位建设，基本涵盖了当前地铁线路中站务、综控、列车驾驶、线路维护等所有工作岗位，在满足在校学生学习实训的同时，还可以满足北京地铁在职员工的培训、技能鉴定、比赛等需要。

北交院还建立了校企共享的师资团队,聘请全国劳动模范、全国"五一劳动奖章"获得者、首都楷模、首届"北京十大能工巧匠""北京大工匠"魏俊强等大师作为专业导师,与企业合作共建大师工作室、工程师学院。对接"1+X"认证标准,将认证标准融入人才培养方案设计中,获批23个"1+X"证书试点。

10年来,北交院坚持走内涵式发展之路,不断提升办学水平,在专业建设、师资力量、实训基地、课题研究等方面不断完善进步,教育教学成果显著,得到社会各界的充分肯定。未来,北交院将落实党中央、国务院对职业教育的改革要求,立足首都城市战略定位,把北京交通职业教育放在服务"四个中心"功能建设、提高"四个服务"水平的大局中思考谋划;加快教育发展模式变革,努力在北京构建新发展格局的过程中贡献交通职业教育的力量,努力为北京现代化综合交通运输体系建设培养大批高素质技术技能人才,为加快建设交通强国提供人才和智力支撑。

7.4 黄冈职业技术学院典型案例

黄冈职业技术学院在充分调研同行院校做法的基础上,系统归纳梳理了学校教学管理体系,遵循职业教育规律,立足于全面提升教学管理水平,按照"对标对表、深度融合、持续改进"的总体思路,形成了科学化、规范化、精细化、人本化、信息化的"五化合一"教学管理模式。

7.4.1 健全体制机制,实现管理设计科学化

(1)突出教学工作中心地位,构建科学管理体制机制

坚持教学中心地位,确立党委领导、校长负总责、分管副校长具体负责,教务处专职负责、质量管理处监督评价、职能部门支持保障、教学单位组织落实的责任分工,形成学校、院系、专业三级教学管理组织架构,成立学术委员会、教学工作委员会、专业建设指导委员会等组织。在人员保障上,坚持教授治教、多方参与;在经费保障上,设立"十大基金",教学经费优先安排,比重占公用经费60%以上;在机制保障上,坚持目标考核,奖优罚劣;在工作保障上,坚持周工作例会、周教研会、月党政联席会、期教学工作会等制度。

(2)坚持多方参与、多重论证,完善科学民主决策机制

尊重教学基本规律,从实际出发,多方参与,多重论证,依法、科学、民主决策。规

范决策程序,建立教学管理重要文件多重论证制度,重大决策需经专家论证、校长办公会审核、学校党委会批准。

7.4.2 完善制度体系,确保组织管理规范化

(1)制度先行,营造教学管理规范氛围

建立"1+4+N"的制度体系,1指学校章程,4指党委会议事规则、院长办公会议事规则、学术委员会规程、教职工代表大会规程等权力运行规程,N是学校各部门保证工作高质量的系列制度。

(2)标准引领,把握教学管理关键环节

把握专业设置、师资队伍建设、招生管理、日常教学、实习实训、就业创业等关键环节,制定专业设置标准、教师定岗定级标准、学籍管理标准、人才培养方案制定标准、有效课堂认证标准、实训室建设标准、实习管理标准等,形成规范办学的标准体系。

7.4.3 注重细节管理,落实过程管理精细化

(1)抓住"三风"建设,管住教学关键过程

始终坚持"校风、教风、学风"不放松,制定三风建设方案,坚持正面引导、负面惩治。通过定目标,作指导,期检查,月反馈,周考核,日巡查发现问题,及时纠正。

(2)创新"三课"教育,助推学生个性培养

抓实"第一课堂",持续推进有效教学;指导建设学生社团,精心组织"二课活动";推行"第三课堂",鼓励学生通过网络自主学习,开展学习成果认定,实施学分置换,实现学生的个性化培养。

(3)规范"三实"管理,突破教学管理难点

针对实验、实训、实习管理环节,做到"规范""安全""实效",学生顶岗实习管理,实行"平台监控、九步对标"。

(4)实施"多元"诊改,确保管理优质高效

建立学校、院系、班级三级立体监控,建立学校、专业、课程、教师、学生五个层面的目标链、标准链、制度链、信息链,推行常规诊改(如日常教学巡查、督导等)、周期诊改(如期初、期中、期末检查等)、专题诊改(如"三通一专"能力测试等)等三种类型诊改,及时发现问题。

7.4.4 尊重师生主体地位，做到管理人本化

(1)坚持能力优先原则，配强能人促学校发展

坚持"能力达标、递进激励"的教师管理机制，实施合格教师、双师素质教师、骨干教师、带头人和教学名师的"五级发展"认定和考核；教学管理上设置合理的岗位，挑选理念新、能力强、态度好的同志从事教学管理工作，满足教学管理的需要；采用教授治校，选聘专业水平高的教授团队参与学校政策制定、专业建设、项目建设等活动，提升学校办学水平。

(2)尊重教师主体地位，多方聚力促教师成长

以教师为本，尊重教师的主体地位，经常性开展"教学研究、校企互聘、以老带新、业务比武、典型引路、企业锻炼、项目研究"等活动，丰富提升能力的载体，通过多种方式促进教师的成长。营造"教师优先"氛围，提高教师在学校日常管理和教学活动中的地位；改革机制，教师参与学校的教学管理工作，制定合理教学规划，改善教学活动；政策倾斜，在职称评审、岗位晋级、待遇分配等活动中向一线教师岗位倾斜，形成全校关心教师、以教师为荣的局面。

(3)重视学生感情培养，因材施教促学生成才

学校推行"两成教育"(成人、成才)和"两情管理"(师生情、父子情)。充分尊重学生的人格，重视与学生的感情培养；学校正视学生由于成长环境、学习能力、性格特征等造成的个体差异，尊重学生在教学过程中的主体地位，采用信息化等教学手段充分调动学生学习的积极性，采用分层教学等方法帮助学生个性化发展；学校结合学生的职业需要和专业技能教学等因素，有计划地实施德育教育，并对学生素质教育的过程进行星级评定，全面提高学生的综合素质。

7.4.5 突出实践应用，实现运行管理信息化

(1)依托项目实践，提升信息化应用水平

学校以应用为导向，构建信息化生态系统，建设满足教学需要的应用系统，实现了数据共享共用。通过实施"个十百千万"信息化教学实践项目，加大信息化应用力度，搭建"一个"满足教学需要、能承载2~3万名用户的数字化学习平台；探索"十种"以上信息化教学模式；与企业合作，建设具有"能学、辅教"作用的"百门"以上的MOOC课程；围绕百门以上课程的建设与教学，在充分利用现有资源的前提下，建设"千套"以上以仿真软件、虚拟实训、动画视频为主体的"颗粒化"原创教学资源；每门课程有百名以上师生与企

业人员参与教学，使"万名"以上的用户成为使用信息化环境完成学习任务的骨干。此外还通过"标准引导、训考结合、制度激励、以赛促学"的模式，提升信息化能力。

（2）依托信息平台，提升信息化管理水平

建设统一管理、统一出口的万兆主干、千兆楼栋的校园网络，有线、无线网络覆盖学校所有区域。学校依托教务管理系统、实习管理系统、网上办事系统、评教评课系统、自主课程学习平台、教学诊断与改进平台等信息管理平台，各系统数据对接共享，实现了教学管理全方位信息化支持，提供教、学、评、管、服全流程应用，开发了具有校本特色的微服务，创新信息化条件下教学管理方法，提升了信息化管理水平。

7.5 金华职业技术学院典型案例

金华职业技术学院坚持立德树人，紧扣德智体美劳全面发展的高素质技术技能人才培养定位，牢固树立教学工作的中心地位，聚焦教学管理的体系建设与举措创新，在目标管理、产教融合、专业发展、教学创新、教师发展、质量保证等方面健全机制，各个机制之间相互协同运作，形成了可推广和可示范的现代职业院校教学管理模式。

7.5.1 管理整体情况："六大机制"构建综合性高职院校教学管理体系

学校适应高职教育的创新发展和高质量发展，紧紧抓住以立德树人为根本任务的高水平人才培养质量"一条主线"，紧紧围绕专业核心能力提升和教学工作创新"两个关键"，着重探索二级目标管理、产教融合育人、专业内涵发展、课堂教学创新、教师教学发展、内部质量保证等"六大机制"，以系统集成、数据共享的信息化管理平台为支撑，探索出了一条高职院校教学管理规范与创新之路。

图1："一条主线、两个关键、六大机制"教学管理框架图

(1) 强化教学中心,建立二级目标管理机制

学校着力"三个提升",强化教学地位。提升领导力,确立党政一把手为教学工作"第一责任人",每年开展一轮二级学院院长教学述职,每学期组织"书记校长有约"活动;提升保障力,加大教学经费投入,全年日常教学经费投入达1.3亿元;提升整合力,争取各方支持、整合社会资源,如2018年金华经济技术开发区安排三年5000万元的合作专项资金,企业捐赠学校1架退役波音737客机用作实训。

学校着力健全二级管理机构,独立设置教务处、教育督导处、校企合作处、创业学院,既分工明确又协同形成合力。按照专业群组建二级学院,以专业为单位建立专兼教师一体化管理的专业级机构,夯实基层教学组织。在二级管理的框架下,积极实施目标责任制考核,将质量导向的目标考核运用到专业建设中,重点建立年度教学工作业绩和专业建设重点突破与创新项目相结合的教学考核体系。

(2) 搭建高端平台,建立产教融合育人机制

学校开创了基地、招生、教学、科研、就业"五位一体"育人模式,推进"校内基地生产化,校外基地教学化",建设12家"校企利益共同体",产教融合、校企合作持续深化。在此基础上,探索共享基地型、集团联盟型、资本混合型、校地合作型、研发引领型、丝路互惠型等多元化的建设途径,推动每个专业群建立一个高端的产教融合平台。如装备制造专业群与西子集团共建国家发改委产教融合工程项目"智能化精密制造实训中心",投资1.28亿元;现代农业专业群牵头成立的浙江省现代农业职教集团,被评为浙江省示范性职教集团;融入产业集聚区创办全省首家网络经济学院,试水混合所有制办学。

依托产教融合平台,学校以校企协同育人、分层分类培养等为重点,推动人才培养方式改革。如电子信息专业群实施面向产业新兴领域的"分流分层、多元结合"培养;装备制造专业群开设项目贯穿、学研互动的"工程创新班";经管类专业开设跨专业的"新经济青年领军班";汽修、酒店管理专业开展教育部首批现代学徒制试点。

图2:12家校企利益共同体及五种类型产教融合高端平台

(3)创设项目载体,建立专业内涵发展机制

学校围绕浙江省七大万亿和金华五大千亿产业,对接产业链构建16个专业群;面向智能制造、虚拟现实、健康服务等新领域开辟新专业、专业方向和课程模块,重点建设装备制造、电子信息、文化教育、健康服务、网络经济、现代农业等6大专业群,形成了"集群发展、突出重点"的区域服务型高职专业体系特征。

实施"领航""双培"计划,推进高水平专业建设。其中,"特色专业领航计划"先分为专业群领航和创新领域试点两类专业,再划分三个层级,分层分类推进专业建设。以重点优势特色专业群和省级优势特色专业为主体,实施特色成果和标志性成果培育的"双培"计划,聚焦形成专业创新发展的特色主线,培育一批具有示范性和引领性的教育教学改革成果,有力提升专业实力和培养质量,并带动其他专业(群)发展。

图3:高水平专业"双培计划"

(4)推进课程改革,建立课堂教学创新机制

学校以项目化、学习领域等工学结合课程建设为重点,深入开展基于工作过程系统化的课程建设与改革。适应产业发展的新技术、新业态、新模式,按照模块化、结构化的课程逻辑,实施新技术课程群建设,如电子信息专业群引入世界技能大赛标准开发课程。

持续深化课堂教学创新,积极创设课程培育建设的系列载体,重点开展校、院、专业三级"示范课堂"建设,实施课堂教学"六个一批"项目建设(一批优质平台课程、一批优质实训课程、一批示范微课、一批精品资源共享课、一批创新课堂、一批课堂教改项目),推进优质教学资源建设与应用的"五个一百"(百门精品在线开放课程、百项"互联网+教学"教学改革案例、百堂"互联网+教学"示范课、百项虚拟仿真实验教学项目、百种新形态教材)计划,促进线上下线融合的混合式教学改革。

(5)实施教学诊改,建立内部质量保证机制

重点围绕人才培养与教育教学的主要环节,组织研制了《人才需求调研指导手册》《工

匠精神培育操作手册》等 19 个相关诊改标准及操作手册，着力形成一套系列标准。围绕质量控制关键节点与核心指标，构建专业发展自我诊改、课程全过程自我诊改、教师发展自我诊改、学生成长性自我诊改等四大内部诊改载体，全面实施教学诊断与改进。搭建集信息采集、数据治理、数据分析、数据画像、数据监测及预警等功能于一体地教学诊断与改进系统平台，提升教学诊改的有效性。

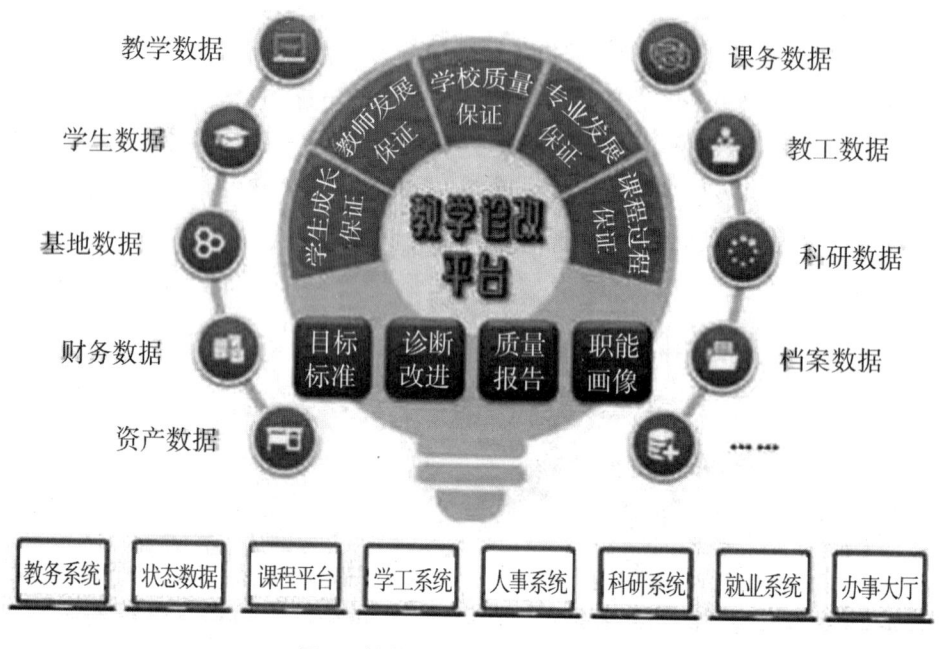

图4：教学诊改信息化平台架构图

（6）分层分类培养，建立教师教学发展机制

学校以教师的教学发展为重点，高标准建设教师发展中心，推行教师发展学时制，建立教师轮训制度，不断完善以"新教师入职培训、骨干教师能力提升计划、专业带头人培育计划"为主要内容的教师发展分层分类培育体系，满足教师个性化、专业化发展。从师德师风、专业建设能力、教学保障能力、育人指导能力、个人发展能力、服务研究能力六个维度，教学型、教学科研型、科研型、社会服务型四种类型，正高教师、副高教师、中级以下教师三个层级，建立教师能力评价标准；创设教师教学业绩工作考核、"双师"能力考核、专业技术职务评聘、岗位聘期考核等四项常态化、周期性考核评价项目，以及单项性、发展性或针对特殊群体的不定期、多元化的考核评价项目，构建"4+X"教师考核评价机制，2017年学校成为入选教育部"高校教师考核评价改革示范校"的40所高校之一。

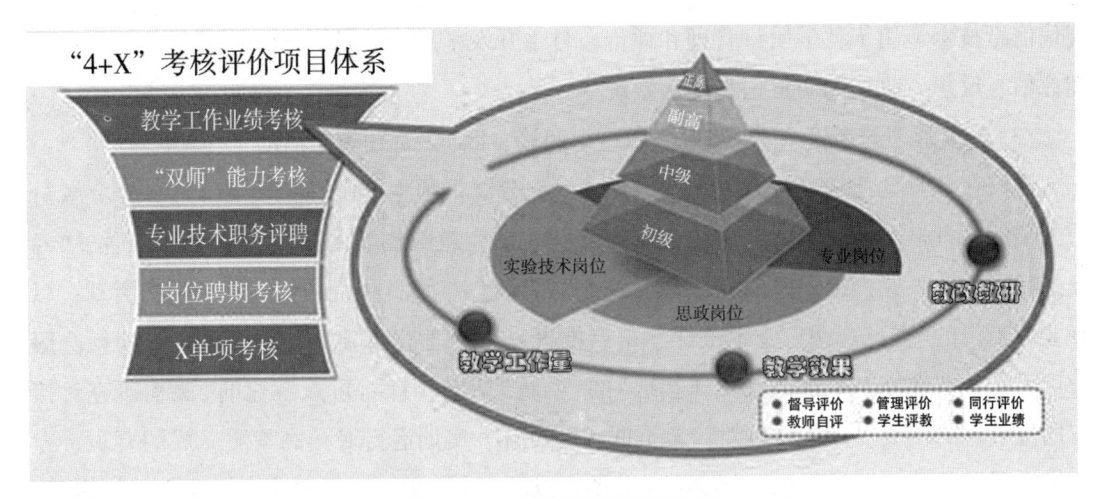

图5："4+X"教师考核评价体系

7.5.2 管理特色创新：形成"四个新"的现代职业院校教学管理特色

学校紧紧适应高职教育的开放性和实践性特征，注重教学管理的创新，在目标管理、共同管理、分类管理、开放管理上形成了现代职院校的教学管理特色，有力保障了教学质量的提升。

(1) 目标管理的新内涵：以专业内涵建设为核心的目标责任制考核

专业建设的管理是教学管理的重要组成部分。学校不断完善以专业建设为核心的目标责任制考核，以质量目标为导向来动态管理专业建设，构建了从目标制定、目标实施、目标考核到目标反馈的完整的专业建设目标管理体系，解决了高职院校普遍存在的专业建设目标和重点不明确，标准层次和个性不突出等问题，极大地激发了专业建设主体的积极性。具体做法上，综合考量教学建设与管理、实践教学、教学质量保证与诊改、人才培养质量、社会服务能力、教育国际化、师资能力等专业建设实绩；重点考核二级学院的专业建设年度重点突破与特色创新项目，推动形成专业发展改革的特色主线，如电子信息专业群对接产业转型升级，采取阶段性突破的工作思路，加强专业新方向的建设。

(2) 共同管理的新平台：搭建"四方参与、四类评价"质量管理平台

学校致力于建立一个人才共育、过程共管的教学管理平台，构建利益相关者参与共同管理的组织与制度体系，有效激发多主体办学的活力。其中，围绕目标、过程、节点、结果和效果等要素，以"跨界、延伸、交互、反馈"为理念，构建了由"学生、教师、督导、社会(用人单位、家长、毕业生)"等评价主体参与，涵盖"教学运行过程控制、课堂教学实时测评、顶岗实习环节监控、毕业生职业发展反馈"等评价类别的"四方参与、四类评价"教学质量管理体系，以共同评价为核心来实现教学过程的共同管理。在此基础上，将

现代信息技术运用于教学质量管理和评价，自主开发了质量管理系统，完善从收集、分析到评估、反思、改进的质量信息闭环系统。

（3）分类管理的新模式："四说、四重、四接、四促"主题教研活动

学校在教学管理中秉持以人为本的理念，充分尊重师生的个性化发展，进一步完善分层分类的管理框架。其中，教研活动作为教师发展和教学创新的重要载体，学校通过"专业主任说专业、课程组长说课程、骨干教师说课堂、专兼团队说项目"的"四说"活动；以专业为单位的"重点观摩三堂示范课、重点推进三项教学改革项目、重点做好三项社会服务项目、重点建好三个规范化实训基地"的"四重"活动；针对重点专业的"课程研究对接应用型学科的发展、课堂管理对接示范课堂的设计、实训运行对接高素质养成的要求、专业提升对接高端产业的需求"的"四接"活动；以及"以微课、精品课建设促课程载体多元，以平台课程建设促专业群转型升级，以示范课堂建设促课堂教学质量提高，以课题招标与自选结合促教改效率优化"的"四促"活动，建立了多类型、分层次的主题教研活动内容体系，活跃教学创新的氛围，推动教师教育教学能力的全面提升。

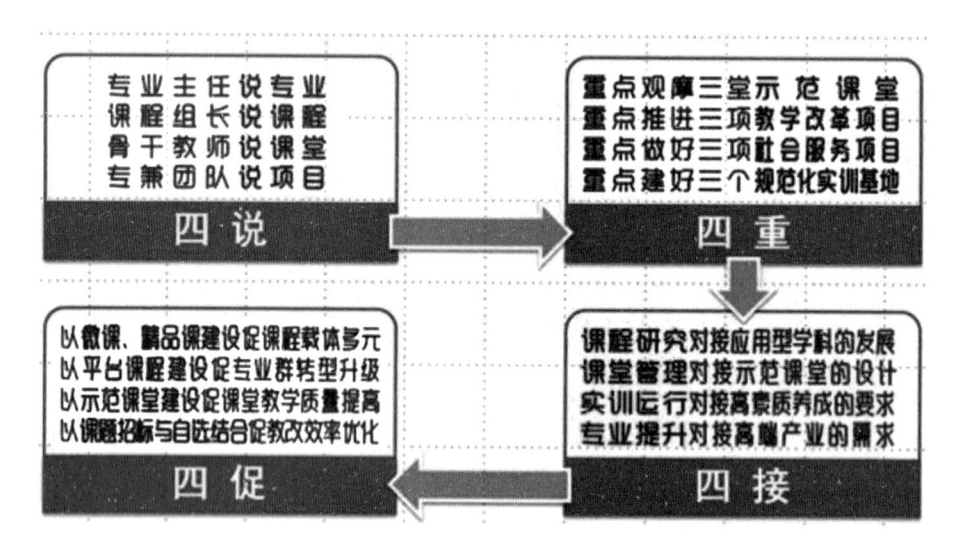

图6："四四"主题教研活动内容体系

（4）开放管理的新机制：建立基于"双模型"的专业动态调整机制

高职人才培养过程具有高度的开放性，学校通过专业动态调整，建立资源整合、开发和利用校企协同的开放性机制，推行基于真实环境、真实项目的开放性教学方式，建设与应用在线开放课程资源，实现教学管理过程的高度的开放性和融合性，有效提升人才培养质量。

其中，专业动态调整实行"双机制"，实现专业设置及招生规模编制的开放式管理。一方面，依托合作开发的区域技术技能人才信息平台，利用大数据、云计算等信息技术，建

立专业人才需求预测与评估模型；另一方面，对接国家战略和区域产业转型升级发展，建立招生指标测算综合评价模型，每年组织一轮专业综合测评，突出录取分数、报到率等"进口"数据指标和就业率、专业对口率、用人单位满意度等"出口"数据指标；组织开展"从调研找差距、从数据看质量、从内涵谈发展"的专业深度剖析，不断完善"增、调、稳、退"的专业动态调整机制。近五年，学校停招专业8个、调整专业14个、新增专业4个。

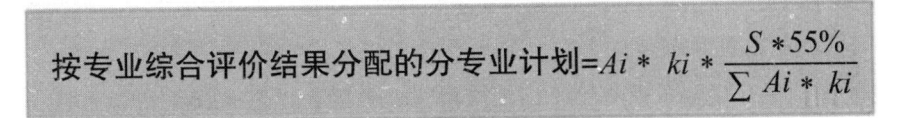

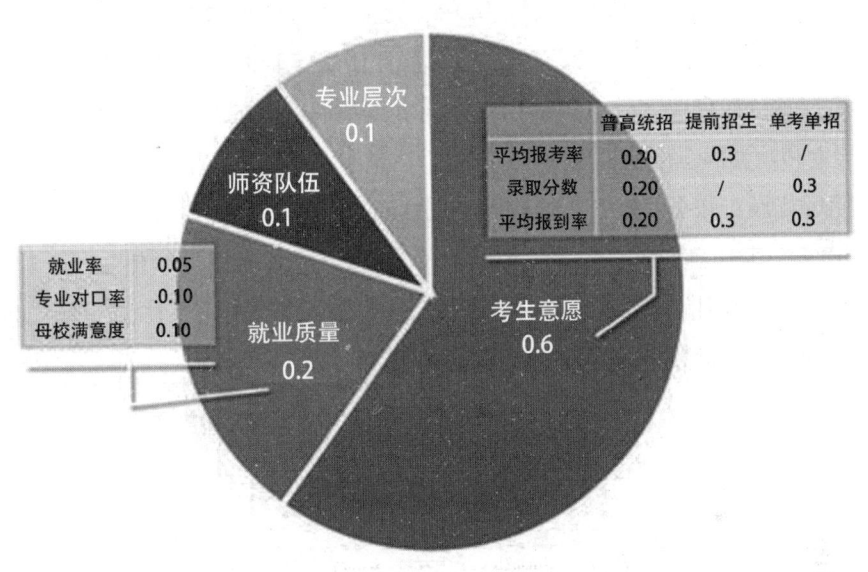

$$\text{按专业综合评价结果分配的分专业计划} = A_i * k_i * \frac{S * 55\%}{\sum A_i * k_i}$$

图8：专业综合测评模型图

7.5.3 管理工作成效："四个高"彰显以质量为核心的教学管理成效

学校围绕"一条主线、两个关键、六大机制"的教学管理体系框架，加强专业建设、人才培养和教学改革的顶层设计和系统实践，形成了一系列典型经验、特色做法和建设成果，人才培养质量持续提升，连续三年获得浙江省高职高专院校教学工作业绩考核第一名。

（1）人才培养质量高

学生竞赛成绩优异，在全国职业院校技能大赛中连续三年蝉联一等奖和总获奖数的"双第一"。毕业生广受社会赞许，2018届毕业生初次就业率97.69%，毕业生专业对口率

86.51%；用人单位对 2017 届毕业生满意度达到了 91.4%；曾入选全国高校毕业生就业典型经验 50 强院校。

（2）教学成果层次高

在国家或省级的教学成果奖、专业教学资源库、课程、教师教学能力大赛、学徒制试点等方面取得了丰硕成果。其中，主持（联合）建设国家专业教学资源库 4 个，建成国家精品课程 15 门、国家精品资源共享课 17 门，获国家教学成果奖 8 项，数量居全省高职第一、全国前列。

（3）创新创业教育起点高

学校依托金华互联网乐乐小镇，以深度融入专业教育、紧密融入行业企业、有效融入区域经济"三融入"为理念，搭建课程、实践、竞赛、评价"四大平台"，实施启航、领航、远航"三航工程"，建立起了"三四三"的双创教育体系，全面深化创新创业教育。荣获浙江省普通高校示范性创业学院、首批创业培训示范基地、全国百强创业社团等荣誉。

（4）学生和社会满意度高

根据第三方调查数据，2017 届毕业生对学校总体满意度 92.19%，高于全省高职院校平均值 4.50%。其中，教学水平满意度 87.10%，高于全省高职平均值 4.33%。在全国高职高专校长联席会委托组织的 2018 年高职教育满意度调查中，总体满意度、教育质量、教育公平等全部 5 个指数均入围全国高职前 20 榜单。

7.6 小　结

职业教育与教学管理典型案例具有如下特点。

（1）课程设计方面的案例：如何根据市场需求和行业趋势，设计出能够培养学生实际能力和职业素养的课程。例如，一些学校通过与企业合作，将企业需要的技能和知识融入到课程中，让学生在学习期间获得更多的实践经验。

（2）教学方法方面的案例：如何使用新技术和教学媒体，提高课堂教学效果。例如，一些学校采用在线学习平台、虚拟实验室等手段，激发学生学习兴趣，提高学习效率。

（3）师资队伍建设方面的案例：如何优化师资队伍，提高师资水平。例如，一些学校通过聘请业内专家或到国外培训，提升教师的职业素养和教学能力。

（4）教学评价方面的案例：如何制定科学的评价标准，对学生进行全面的评价。例如，一些学校采用"多元化评价"方法，通过考试、论文、项目等多种形式对学生进行评价，更加全面地反映学生的能力和素质。

这些案例都是实际教育管理中遇到的问题和挑战，通过了解这些案例，可以帮助职业教育和教学管理工作者更好地应对实践中的各种问题。

职业教育与教学管理典型案例的综述涉及一系列案例，这些案例是基于职业教育和教学管理实践中遇到的具体问题而产生的。这些案例涵盖了职业教育和教学管理各个方面，包括课程设计、教学方法、师资队伍建设等等。这些典型案例可以为职业教育和教学管理人员提供借鉴和参考，以便更好地应对实践中遇到的各种问题。通过研究这些案例，教育工作者可以深入了解职业教育和教学管理的实践特点和问题所在，进而提高自身的教学能力和管理水平。综述这些典型案例，有助于职业教育和教学管理行业总结经验，探索新的教学管理方法，提高教学质量，促进职业教育和教学管理的可持续高质量发展。

第8章 职业教育与教学管理建设展望

为全面贯彻落实中共中央办公厅、国务院办公厅《关于推动现代职业教育高质量发展的意见》,深化职业教育体制机制改革,不断提升职业教育服务经济社会发展和产业转型升级的能力,切实提高职业教育的社会重视程度,全国各地结合实际,制定出台了实施方案,进一步优化职业教育类型定位,深入推进育人方式、办学模式、管理体制、保障机制改革,为职业教育高质量发展营造良好氛围。职业技术教育的理论研究也将为职业教育高质量发展提供理论借鉴及政策指导。

8.1 职业教育与教学管理发展相结合

推动教育教学改革与产业转型升级衔接配套,加强行业指导、评价和服务,发挥企业重要办学主体作用,推进行业企业参与人才培养全过程,实现校企协同育人。推进职业院校教学工作诊断与改进制度建设。完善职业教育督导评估办法,加强对地方政府履行职业教育职责督导。

职业院校特别是高职院校的教育需要上级主管部门的指导指引,而教学管理建设水平的提升,会从整体上提升整个职业教育的核心水平。

8.1.1 校准职业教育与教学管理建设发展的精度

校准职业教育发展的精度是指对于当前的职业教育发展状况进行分析,明确未来的发展方向和目标,采取有效的措施,使得职业教育能够更好地服务于经济社会的发展需求。

(1)为了提高校准职业教育发展的精度,需要通过以下几个方面进行深入研究:

①明确职业教育的发展目标和定位,根据国家战略和需求,制定相应的发展规划和政策;

②加强对职业教育人才培养的质量控制，构建科学的质量评价体系，不断完善教育教学模式和方法，提升学生的综合素质和技能水平；

③注重产教融合，加强与企业的合作，构建校企联合培养模式，确保职业教育与实际工作需求相适应；

④加强师资队伍建设，提高教师的专业能力和教育教学水平，推动教师教育改革和教师职业发展；

⑤加强信息化建设，构建数字化教学环境，提升职业教育教学效果和管理水平。

（2）通过以上几个方面的努力，可以提高校准职业教育发展的精度，推动职业教育体系的持续健康高质量发展。

教学管理建设发展的精度从以下几个方面来进行探讨。

①信息化建设方面，随着信息技术的不断发展，教学管理的信息化建设将会是未来的一个趋势。学校可以通过引入更多的信息技术手段，实现教学过程的智能化、网络化和数字化，提高教学效率和质量。

②数据分析与挖掘方面，通过对教学过程中产生的大量数据进行分析和挖掘，可以帮助学校更好地了解教学活动的实际情况，进而制定更科学合理的教学管理策略和措施。

③教学评估方面，教学评估是一种有效的反馈机制，可以帮助学校了解教学质量和水平，并进行改进。未来，学校可以通过更精细化的教学评估机制，更好地发现和解决教学过程中的问题，提高教学效果。

④师资培养方面，教学管理需要有一支高素质的师资队伍作为支撑，未来，学校可以加强对教师的培训和培养，提高教师的专业水平和教学能力，力争打造一支高质量的教师队伍。

⑤学生管理方面，学校应该更加关注学生的全面发展和个性化需求，在教育教学过程中强调学生主体地位，提高学生参与度和积极性，培养学生的创新能力和综合素质，为学生未来的发展打下坚实基础。

教学管理的未来发展需要学校结合自身实际情况，根据教育教学改革的要求，不断完善和完善教学管理制度和机制，提升教学质量和水平，为学生的全面发展和未来的发展奠定坚实基础。

8.1.2 提升人才培养的高度

对于人才培养，要保持学科专业设置相对稳定，积极稳妥推进教育教学组织改革，要增强服务人才意识和保障人才能力，不断提高学校行政管理效能和治理水平。做好团结、引领、服务工作，真诚关心人才、爱护人才、成就人才。树立以师生为中心理念，聚焦世界水平高职院校建设、聚焦高职院校主责主业，深化行政管理改革，强化行政管理部门的协调服务职能，优化机构设置，构建完善科学合理的经费管理和资源配置方式，持续推进管理服务平台建设，让师生一站式完成教学诉求，让数据智能化、师生少做重复性的学习与教学，打通师生沟通的最后障碍。建立和完善专兼职教师的教学岗位体系、评价体系、激励体系、发展体系，全方位培育热爱教育事业、敬业奉献的教职工文化，建设专业化、职业化的高素质教学管理服务队伍。

8.1.3 挖掘产教融合的深度

产教融合是企业生产与职业教育组成要素有机融合的产物，践行"产""教"深度融合的培养模式，高职教育人才培养要注重专业理论知识、专业技术技能以及人文素养的结合等。为更好地服务国家高质量发展战略，发展高职教育需要肩负起自己的使命。

（1）扎根城市发展需求，服务区域经济与社会发展布局；

（2）丰富校企合作形式，提升我国企业的产业创新能力；

（3）开设紧缺型专业，加速建成中国化的现代产业体系；四是优化教育内在结构，稳步推进高质量教育体系建设。同时，为保障高职教育服务国家高质量发展的愿景，还应该制定相应的保障措施，首先，建立类型化的职教高考，保障高职教育招生的正义性；其次，制定严格的专业教学标准，保障高职教育人才培养质量；最后，完善技术人才政策支撑，落实相应的社会保障，确保高层次技术人才能够做到自主决策，大部分技术人才过上体面生活。

8.1.4 优化双师队伍的梯度

职业教育类型定位和跨界属性决定了教师队伍结构的独特性。职业教育教师队伍类型结构演变经过了从文化课教师、专业课教师、实习指导教师三类为主体，以专职为主，到"双师型"教师队伍建设与加强兼职教师为重点，再到教师教学团队、产业导师建设等多主体的师资队伍类型结构模式。职业学校教师分类管理除依据岗位设置要求出发，更应该考虑类型教育定位对教师队伍类型结构的特殊要求。优化教师队伍类型结构，形成适应类型特点要求的教师队伍分类管理逻辑尤为重要。

为深入贯彻落实党的二十大精神，加快推进职业教育"双师型"教师队伍高质量建设，2022年10月25日，教育部印发《关于做好职业教育"双师型"教师认定工作的通知》，规范认定范围、明确基本标准、落实实施过程、畅通发展路径。"双师型"教师是新时代职业教育高质量发展的关键力量。虽然国家已出台一系列"双师型"教师相关政策，但政策执行困境在很大程度上制约着"双师型"教师队伍建设的实效。"双师型"教师政策执行呈现明显的网状结构，多元行动主体在互动博弈中形成了政策网络。有学者基于政策网络理论视角阐述了"双师型"教师政策执行存在的困境：政策社群与府际网络缺乏良性互动、府际网络与生产者网络关系碎片化、议题网络行动者意愿诉求被边缘化。走出政策执行困境，需要增强政策社群与府际网络互动质量、构建"双师型"教师政策执行网络"强结构"；推动府际网络与生产者网络塑造新型合作关系、打造政校企协同培养"双师型"教师共同体；重视议题网络行动者意愿诉求、营造"双师型"教师政策执行的多维支持环境。

职业教育教师具有其独特的职业特质，打造高水平双师队伍的关键在于高职院校教师"双师型"职业特质的建立与稳固。面临着组织主体对"双师型"培养培训一体化设计相对缺乏，校企双元实施主体开展"双师型"培养培训的能力不足，不同执行主体的职业特质培养不协同等现实困境。因此，有学者提出，需要将"双师型"职业特质培养主线贯穿高职院校教师职业发展全生命周期。具体可基于职业特质培养规律一体化设计培养培训项目，优化微观的培养培训项目，强化承担培养培训项目的讲师作为教师职业特质，以及团队建设标准与"双师型"教师个体培养培训标准相融合、团队发展规划和个人职业特质培养相协调等措施，促进"双师型"教师队伍建设。有学者对6个省(自治区、直辖市)的"双师型"教师评价认定政策文本进行整理分析发现，认定政策的政策要素相对完备、政策目标趋于清晰、认定范围覆盖面广、教师岗位认定分级、评价认定标准更加多元，同时存在部分地区设置的"双师型"教师评价认定标准门槛过低，评价认定主体较为单一，监督机制不完善等问题。提出未来应健全国家、省(自治区、直辖市)、院校层面"双师型"教师认定办法，构建教育行政部门、企业、行业、高职院校多元主体参与的评价认定体系，设置科学合理的评价认定标准，同时建立完善有效的监督机制，最大化发挥政策效应。

8.2 职业教育与教学管理建设机遇与挑战

高职教育的服务内容不再仅仅局限于教育领域内人才的培养与培训，已经扩展到服务国家战略、技术研发、成果转化、工艺传承、扶贫攻坚、终身学习等多个领域和层次。"双高计划"对服务发展的表述站位更高、视野更宽、格局更大、指向更明、要求更实：高职教育的服务供给将由"标准化"向"个性化""精细化""智慧化"转变。高职教育服务面向经济发展中的急需人才、区域内的中小微企业、产业链中的中高端环节、生产生活中的实际问题、个人成长中的切身需求。提升服务发展水平，使高职教育的服务对象，即国家、企业、个人通过高职教育的服务收到成效、产生效益、获得利益，让服务对象时时刻刻、切切实实地感触到由高职教育高质量发展所带来的红利。

8.2.1 存在与对策

超过74%的职校教师正利用信息化技术来教学，学生对信息化的学习效果认可度超过58%，对虚拟仿真实训认可度高达90%。随着信息技术的高速发展，职业院校的信息化教学已成常态。2022年7月，教育部发布《职业教育信息化发展报告》指明"十四五"职教信息化发展方向，《报告》基于面向东部、中部、西部及东北地区超过995所职业院校、8050名教师和近15万学生的问卷调查，回顾"十三五"时期职业教育信息化政策与重大实践项目进展与成效，从学生信息化学习、教师信息化教学、教师信息化教学能力、院校信息化管理与服务等多个维度，分析职业教育信息化发展现状，并对"十四五"时期职业教育信息化发展面临的挑战提出对策。信息化教学走向常态化职业教育信息化进入深水区。报告指出，整体来看，信息技术支持下的学生学习较去年更为常态化，师生对信息化学习应用更广泛，对信息化学习平台使用更加自然。

报告显示，在职业院校学生最常使用的在线学习平台功能中，看学习材料占84.83%，提交作业占68.39%，观看直播课和做测验题分别占56.64%和51.82%。在信息化技术的支持下，学生在学习效果、上课氛围、课外协作等方面都有明显提升，58.2%的学生认为学习效果更好了，55.3%的学生认为协作学习变多了。新技术不断迭代升级，职业院校的信息化程度正在加深。2022年4月，教育部上线"国家职业教育智慧教育平台"，为职教数字化按下"快进键"。7月，在教育部职业教育与成人教育司指导下，清华大学教育研究院、教育部职业院校信息化教学指导委员会与腾讯教育联合发布本次报告，对职业教育信息化进行系统的总结。

实训能力建设取得新突破，学生对虚拟仿真实训认可度超九成。实训作为职业教育教学过程中的重要一环，能有效增强学生的实操动手能力，拉近学生与职业岗位之间的距离，减少就业过程中人岗不匹配的矛盾。

而随着5G、VR等信息技术应用的成熟，诞生了一种全新的信息化实训形式——虚拟仿真实训。虚拟仿真实训，是指借助虚拟仿真软件或机器，模拟真实的工作场景，从而训练学生的相关职业操作技能。这一新模式的出现，提升了学生的知识学习和技能学习，也为实训存在的问题提供解决思路。报告显示，仅有3.82%的学生没有使用过虚拟仿真实训软件，而使用过的学生对虚拟仿真实训软件有较大认同感，90%给予正向评价。

其中，根据学生反馈，虚拟仿真实训软件在丰富实操实训的形式方面作用最大，紧随其后的是虚拟仿真实训软件可以再现真实情境中较难观摩到的操作，减少了真实环境中的高损耗，增加了同学技能训练的机会，减少了真实环境中的高风险性，提高了学生的学习意愿，帮助学生更容易完成真实情境中较难实施的技能操作，同时最大程度再现了真实的工作环境。

校企合作或产教融合已经推行了相当一段时间，虽然因为学校和企业两个完全不同的利益诉求主体，在合作上并不能实现完全一致的目标，但订单班、顶岗实习等也着实让企业尝到了甜头。不仅仅是匹配效率上的提高，也是员工素质和工作能力的提升，为企业节省了很多的管理和教育成本。

职业教育肩负着培养多样化人才、传承技术技能、促进就业创业的重要职责。

(1) 多维度宣传立法，提升认可程度

一是加大职业教育法律地位，通过《职业教育法》《中华人民共和国教育法》等法律体系，进一步巩固职业教育在国民教育体系中的地位，特别是与普通本科教育形成各有千秋的对比和同等重要的地位。二是强化职业教育宣传力度。从高三年级各校加大宣传职业教育与本科教育的重要地位，让职业教育的优势与普通本科优势相得益彰。无优劣之分，只有合适之别，报考志愿材料、宣传册强化职业教育地位、作用及意义。三是展现职业教育发展成果，对职业教育人才的科技创新、技术创新、知识产权、成果转化、推优树典，通过媒体报道、企业宣传等形式提升职业教育对国家战略、经济建设、产业变革的重大意义。

(2) 立体规划布局，推进产教融合

区域产业与职业人才协同发展，将是区域社会经济水平高质量发展的重要手段，对优化职业教育专业布局，深入开展产教融合具有深远意义。我国已进入新时代高质量发展时期，区域产业体系完善、产业结构升级、产业布局优化、技术创新等，对推动我国进入社会主义现代化强国意义重大。

一是加强校政沟通机制。二是优化专业建设，区域职业教育院校要充分结合企业发展需求，推陈出新响应区域发展需求，优化产业布局。三是强化校企合作。职业院校积极与企业做好专业对接，岗位对接，开展"订单班、冠名班、定向班"等合作，真正实现入校是学生，入企是职工的良好局面，将理论知识与企业实践相结合，形成职业教育人才出校理论知识扎实，入企则人岗匹配。打造区域职业教育专业优化，产教深度融合的良好格局。

(3) 精准订单培养，实现人岗合一

将职业教育所育职才的理论知识优势与企业岗位实践能力有机结合。是实现人岗高度匹配，从业者价值体现、产业高质量发展的基本要求和重要前提。

①完善校企合作规划。职业院校与企业强化战略合作规划，含企业岗位设置、战略规划、人才需求、重点产业、专业设计、课程安排、人才培养模式、规划职业教育所育人才在校专业能力培育，在岗操作能力强化，在校在企业学习提升布局等。

②加快人才角色转变。结合校企合作，打造顶岗培育，订单培育班，协同职业院校将培育模式优化，形成入学即有工作，入企即有岗位的模式，边强化理论知识边提升企业岗位技能，实现毕业能上岗，上岗能胜任的局面，强化双方师资互任互聘制度，互相委派学习指导，提升职业院校师资提升实习实训能力和水平，提高企业师傅理论知识指导能力，实现校企共赢。

③加强科技成果产出。依托职业院校理论知识、企业实训实习设备优势，鼓励人才开展技术创新、技术改造、工艺优化、挖掘知识产权、成果转化、实现经济和社会效益，让职业教育人才职业、社会价值凸显。

(4) 多元评价体系，提升职业"三感"

激发职业人才潜力，夯实职业人才综合能力，建立多元化人才评价体系提升人才幸福感、获得感和荣誉感。

①建立荣誉至上体系。对品德高尚，爱岗敬业，专业素质技能突出，发挥"传帮带"作用的技术人员给予荣誉奖励，授予单位"大能手"称号并纳入学习标兵系列，全公司通报表扬。

②建立创新至上体系。对专业技术能力强，潜心钻研科技创新、工艺改善、技术创新、挖掘知识产权、科技成果转化等有实质成效的给予资金奖励及表扬，优先推荐省市劳动模范，掀起大胆创新，加速转化的热潮。

③建立同待遇体系。对专业技术能力突出、创新能力强且有成果转化产生经济效益，在职称评定方面可破格提升，待遇档次、年终奖励等方面可与部门主管、高管、经理享受同等待遇。新时代呼唤新使命，新征程展现新作为。坚信职业教育在新时代高质量发展的今天一定会大有可为，为区域社会经济发展做出新的更大贡献。

8.2.2 职业教育与教学管理模式未来建设环境分析

随着新时代相关的政策法规的完善，职业教育和教学管理模式的未来建设环境将发生巨大变化。

(1) 人工智能技术的应用：人工智能技术将会在职业教育和教学管理中发挥越来越重要的作用。例如，人工智能技术可以为学生提供智能化的辅助教学和个性化学习服务，为教师提供更加精准的教学评估和反馈，提高教学质量。

（2）云计算与大数据技术的支持：云计算技术和大数据技术的应用将使职业教育和教学管理更加便捷、高效。例如，通过云端平台可以实现全国范围内共享课程资源和教学经验，通过大数据分析可以更加准确地了解学生的学习情况和教学质量。

（3）在线教育的兴起：在线教育已经成为当前趋势。未来，在线教育将会在职业教育和教学管理中扮演更加重要的角色。例如，通过在线教育，可以为学生提供更加灵活、多元化的学习方式，扩大教学覆盖面，提高教育公平性。

（4）教师培训与素质提升：未来，职业教育和教学管理的发展需要更加优秀的教师队伍。因此，要加强教师培训和素质提升工作，提高教师教学水平和专业素养。

（5）政府政策支持：政府应当出台相关政策，鼓励企业和社会组织参与职业教育和教学管理，促进教育资源共享和合作，为职业教育和教学管理的未来发展提供有力支持。

职业教育和教学管理模式的未来建设环境将呈现出数字化、智能化、全球化和开放式的趋势，需要各方共同努力，不断推进教育创新，提升教育质量，促进学生的全面发展。

8.3 职业教育与教学管理建设发展前景展望

为向世界介绍中国职业教育发展经验，2022年8月20日，教育部发布《中国职业教育发展白皮书》。

职业教育是国民教育体系和人力资源开发的重要组成部分。发展职业教育，已经成为世界各国应对经济、社会、人口、环境、就业等方面的挑战，实现可持续发展的重要战略选择。进入新时代，中国政府高度重视职业教育，把职业教育摆在经济社会发展和教育改革创新更加突出的位置。经过长期的实践探索，中国形成了独具特色的现代职业教育发展范式。现代化是人类历史发展的伟大变革，是以工业化为核心，推动经济增长、思想革命、制度创新和社会转型的发展历程。

中国式现代化是一个具有几千年农业文明大国的现代化，是超大人口规模的现代化，是经济、社会、文化、教育的全面现代化。中国职业教育与中国现代化共生发展，发挥着服务经济发展、促进民生改善、优化教育体系、增进国际交流的作用，在面向世界的现代化进程中作出了不可替代的贡献。

2012年以来，中国政府把职业教育作为与普通教育同等重要的教育类型，不断加大政策供给、创新制度设计，加快建设现代职业教育体系，构建多元办学格局和现代治理体系。中国职业教育实现由参照普通教育办学向相对独立的教育类型转变，进入提质培优、增值赋能新阶段。中国把职业教育定位于国民教育体系和人力资源开发的重要组成部分，充分发挥中国特色社会主义制度优势，政府主导与市场引导相结合、发展经济与服务民生相结合、教育与产业相结合，构建了现代职业教育发展的制度体系，形成了职业教育发展的中国模式，为中国式现代化道路注入了强劲的职教力量。搭建合作与交流平台，与世界共享中国职业教育改革成果是我们的美好愿景。中国将一以贯之地坚持对外开放，以国际视野兼容并蓄，以国际胸怀开放合作，深度融入世界职业教育改革发展潮流，积极构建国际化交流平台，致力消除贫困、增加就业、改善民生，在力所能及的范围内承担更多责任义务，为全球教育治理贡献中国方案，为推动构建人类命运共同体贡献教育力量。

《关于深化现代职业教育体系建设改革的意见》是党的二十大后，党中央、国务院部署教育改革工作的首个指导性文件。党的二十大对职业教育重视程度之高前所未有，职业教育在整个教育体系中的分量之重前所未有，以一体推进教育、科技和人才三大强国建设的宏阔视野，深化现代职业教育体系建设改革的任务之艰巨也前所未有，对职业教育的战略定位越来越突出、实践要求越来越明确、规律认识越来越深入，主要集中体现在"1+3+3"的系列重要论述中。其中"1"，就是习近平总书记参加党的二十大广西代表团讨论时强调的："要重视发展职业技术教育"，这是习近平总书记继"职业教育前途广阔、大有可为"之后作出的又一个带有总括性、指导性的重大论断；第一个"3"，就是习近平总书记在党的二十大报告中强调的："统筹职业教育、高等教育、继续教育协同创新，推进职普融通、产教融合、科教融汇，优化职业教育类型定位"，这是新时代新征程上深化现代职业教育体系建设改革的3个重大战略举措；第二个"3"，就是习近平总书记在党的二十大报告中强调的："健全终身职业技能培训制度"，加快建设包括大国工匠和高技能人才在内的"国家战略人才力量"，"建设全民终身学习的学习型社会、学习型大国"，这是职业教育更好融入科教兴国战略、人才强国战略和创新驱动发展战略的3个重要努力方向。

8.3.1 职业教育服务机制

原教育部部长陈宝生指出：办好新时代职业教育，服务技能型社会建设。行政主管部门、行业主管部门、工会和中华职业教育社等群团组织、行业组织可以根据需要，参与制定职业教育专业目录和相关职业教育标准，开展人才需求预测、职业生涯发展研究及信息咨询，培育供需匹配的产教融合服务组织，举办或者联合举办职业学校、职业培训机构，组织、协调、指导相关企业、事业单位、社会组织举办职业学校、职业培训机构。

职业教育服务机制的建设有几点建议。

（1）制定政策规划

政策规划是建立职业教育服务机制的基础。政府部门应当出台相关政策，为职业教育的开展提供依据,并为职业教育服务机制的建设提供支持。

(2)建立服务平台

建立职业教育服务平台,将各级教育机构、用人单位、学生和职业教育机构纳入其中,实现信息共享、资源共享和协同发展。

(3)提高师资水平

职业教育服务机制的建设需要具备一支素质过硬的师资队伍。应该通过不断加强师资培训,提高师资水平,使他们能够更好地服务于职业教育的开展。

(4)强化课程建设

课程是职业教育的核心。职业教育服务机制的建设需要从课程建设方面入手,加强课程研发,满足市场需求,提高学生就业竞争力。

(5)加强与用人单位的合作

职业教育服务机制的建设需要与用人单位建立合作关系。应邀请用人单位参与职业教育的管理和服务工作,加强实践教学,提高学生就业能力。

(6)加强评价机制

建立科学的评价机制,对职业教育的质量进行监督和评价。通过对职业教育机构、师资和课程的评价,不断提高职业教育服务水平,满足社会需求。

8.3.2 教学管理服务体系

职业教育教学管理是基于工作体系的教育管理,以培养职业性人才(技术型和技能型人才)为目标,工匠是职业教育的主体,职业资格证书制度是衡量工匠们技术水平的评价制度,其课程内容以工作过程知识为主,注重知识的实践性。教学管理服务和服务体系是探究职业教育教学管理构建的关键。职业教育存在的基础是教学管理服务体系,它是职业教育之所以成为职业教育的根本原因之一。因此,教学管理服务体系不仅是探究职业教育本质的逻辑起点,更是职业教育体系构建的理论依据,职业教育体系的构建依据必须回到教学管理服务体系中寻找。

教学管理体系聚焦在综合职业能力培养,在专业能力方面强调对专业知识和技能的掌握,合理知识和技能结构的获得,其目的是使个体能在职业实践中很好地处理职业的专门问题,满足职业的专门要求,具体表现为以物为对象的生产能力,如机器、仪表、材料等,以人为对象的服务能力,如餐饮、旅游、护理等,以物和人为对象的管理能力,如工作过程中的监控、调节、优化等。在方法能力方面强调科学思维习惯的养成,其目的是使个体能够从容自如地面对未来复杂的劳动环境和问题情境,能创造性地化解困境,学会学习,学会工作。在社会能力方面强调良好的人际关系和积极的人生态度,其目的是使个体经过职业教育的培养,成为具备一技之长的技能型人才。

8.3.3 建设职业教育教学管理的服务系统

(1)创新教学管理理念

高校的管理人员与教师应该及时转变传统的教学管理理念,创新教学管理模式,以此适应现代社会对教育的需求。教师应该将学生放在主体地位,以学生为本,以满足学生的各项需求为目的进行教学管理。教师应该积极学习先进的教学模式,根据学生的自身情况来制定教学内容,因材施教,促进学生更好的发展。教师应该营造良好的学习氛围,结合学习内容创建各种各样有意思的实践活动,吸引学生踊跃参加,调动学生的学习积极性,加强与学生之间的互动交流。学校应该实行一定的监督手段,确保老师的教学模式发生改变,监督老师脚踏实地一点一点转换自己的教学理念,保证教学质量,为教学管理的高效有序进行起到促进作用。

(2)提升教师专业素质

教师作为教学活动的开展者,在教学课堂中起到重要的引导作用,是教学活动正常进行的基础保证。因此,高职院校要定期组织教师进行教学培训,以此提高教师的专业素养以及教师的实践能力。同时学校应该建立定点实习机制,挖掘教师人才,为学校的师资起到极好的促进作用。学校还应该聘请专业的人士来解决教师在教学活动中遇到的困难及困惑,帮助教师的教学高效有序进行。

(3)结合现代化教育手段

现阶段是信息瞬息万变的时代,人们的学习生活都离不开网络,互联网对人们的生活产生了极大的促进作用。ChatGPT等的问世,更加促进了教育教学的智能化。因此,高职院校进行教学管理模式改革时应该顺应时代潮流,利用互联网来进行教学管理活动,以此推动高职院校教学管理模式改革的进展。教学教师将现代教学手段与教学管理相融合,以提高学生的自身素质为目的,创新教育教学方法,为高职院校教学管理的高效发展奠定良好基础。兴趣是最好的老师,教师在课堂教学时学会运用现代教学手段播放教学课件、相关影视资料等方式,吸引学生的注意力,提高学生学习热情,让学生自主进行学习,提高学生的学习效率,提高学生的自身素质。

高职院校教学管理模式的改革,可以促进高职院校的课堂教学效率。高校教师要创新自己的教学理念,改变教学模式,运用现代教学手段来提高学生学习积极性,结合实际创造教学情景以此提高教学效率，使高职院校的教学管理改革发展得越来越好。教学管理模式的改进并不是一蹴而成的，需要一线教学教师在实践中不断摸索前进，取得更好的教学成效。

全面加强教育教学管理，是新时期高职院校必须落实的基础任务，是关乎职业教育创新进步以及育人质量提升的关键所在。构建高职学生教育管理模式是一个复杂的过程，需要多方面的支持和合作，需要制定科学的规划和制度体系，需要强化学生服务和管理能力，同时需要针对不同学生的个体差异采取个性化的管理措施，加强信息化和数据化管理。构建高职学生教育管理模式需要各方的参与和支持，包括教育机构、社会资源、教育专家和学生自身。在实践中，需要不断总结经验和教训，不断完善和创新教育管理模式，推进高职教育的持续发展和进步。构建高职学生教育管理模式是一个长期、复杂而具有挑战性的任务。我们需要坚定信念、勇于创新，不断探索先进成熟的教育管理模式，为高职教育的质量和水平不断提升作出自己的贡献。

参考文献

[1]张国政,杨磊.慕课理念下的高等职业教育教学模式改革与思考[J].安阳工学院学报,2017(1):13-14.

[2]宋鑫.课堂教学模式改革的实践与探索——以北京大学为例[J].北京教育(高教版),2018(5):21-22.

[3]赖月云.高职管理类课程项目化教学模式改革新探[J].职业教育研究,2018(8):3-4.

[4]温振华.高等职业教育教学模式改革的探索——论工作室制教学模式[J].武汉职业技术学院学报,2017(4):6-7.

[5]时光.新时代高等职业教育教学管理工作创新研究[J].黑龙江教师发展学院学报,2011(5):86-87.

[6]罗金凤.高职院校内部质量保证体系诊改工作体制机制创新研究[J].高等职业教育(天津职业大学学报),2017(3):36-37.

[7]张敏,杨晓冬.高职院校内部质量保证体系建设研究与实践:以哈尔滨职业技术学院为例[J].职业教育发展研究,2020(2):5-6.

[8]孙帅帅,徐国庆.政府宏观管理指导职业教育教材建设的内涵、意义及关键问题[J].职教论坛,2024(1):46-47.

[9]胡茂波.QAA评估视阈下英国高职院校质量保障机制及启示:以诺兰德学院为例[J].职业技术教育,2016(17):72-73.

[10]王春模,周荣虎,张林龙.高职院校实施分类培养分层教学模式的探索与实践[J].教育与职业,2016(4):103-105.

[11]孙敏.职业教育管理模式创新与发展策略研究[J].江苏高教,2022(6):88-90.

[12]刘代友.高职教育分层分类教学的理论与实践探新——以四川某高职院校为例[J].四川职业技术学院学报,2015(6):123-128.

[13]徐洋.以职业教育为导向的教学管理工作完善策略探讨[J].科学大众(科学教育).2019:177.

[14]赵志群.职业教育学习新概念(第2版)[M].北京:北京师范大学出版社,2021:16-17.

[15]朱新秤.教育管理心理学[M].北京:中国人民大学出版社,2008:16-17.

[16]周详,王小梅,刘植萌.中国职业教育研究的进展与特点——2022年全国高校职业教

育科研论文统计分析[J].职业技术教育,2024(3):6-12.

[17] 孙妍妍,高瑞金.新时代背景下高等职业学校创新建设发展管理模式探究——以江苏联合职业技术学院南京工程分院为例[J].现代职业教育,2019(36):2.

[18] 闫广芬,石慧.改革开放40年来职业教育"中国模式"的内生重构[J].西南大学学报(社会科学版),2018(12):81-89.

[19] 张培.数字化赋能职业教育发展形态变革:生发机制、价值取向及施策重点[J].职业技术教育,2024(3):6-12.

[20] 霍丽娟.职业教育赋能新质生产力发展的内涵要义、运行逻辑和推进路径[J].中国职业技术教育,2024(4):3-11.

附　录

附录1

教育部关于进一步推进职业教育信息化发展的指导意见

教职成〔2017〕4号

各省、自治区、直辖市教育厅（教委），各计划单列市教育局，新疆生产建设兵团教育局：

为深入贯彻落实《教育信息化"十三五"规划》，全面提升信息技术支撑和引领职业教育创新发展的能力，加快推进职业教育现代化，现就进一步推进职业教育信息化发展提出如下意见：

一、准确把握进一步推进职业教育信息化发展的重要机遇与基本要求

1. "十二五"以来，职业教育信息化发展取得了较大的进展。职业教育信息化的战略部署初步形成，基础设施建设进一步加强，管理规范和技术标准不断健全，数字教育资源开发和应用持续深入，教育资源和教育管理平台建设扎实推进，教师信息化意识与能力显著增强。但从总体来看，与国家实施"互联网+"等重大战略的需求相比，与世界数字化、网络化、智能化发展的趋势相比，与实现职业教育现代化的要求相比，职业教育信息化发展水平还亟待提升。进一步推进我国职业教育信息化发展，是适应当今教育改革和信息技术创新应用趋势，如期实现职业教育现代化，为国家经济社会发展提供有力技术技能人才支撑的必然选择和战略举措。

2. 深入学习贯彻习近平总书记系列重要讲话精神，坚持服务全局、突出特色，统筹规划、协调推进，深化应用、融合创新，完善机制、持续发展，努力改善职业教育服务供给方式，提升现代化水平。职业教育信息化工作要围绕经济社会发展大局，主动服务国家重大发展战略，加大云计算、大数据、物联网、虚拟现实/增强现实、人工智能等新技术的应用，体现产教融合、校企合作、工学结合、知行合一等职业教育特色。要适应科技革命和产业革命要求，突出行业与区域特点，注重对薄弱学校的帮扶，推动协调发展。要面向职业教育各领域、各环节，以应用促融合、以融合促创新、以创新促发展，创新教学、服务和治理模式。要探索建立共建共享、开放合作新机制，鼓励行业、企业和社会参与职业教育信息化建设。

3. 到2020年，全面完成《教育信息化"十三五"规划》提出的目标任务。基础能力明显改善，落实"三通两平台"建设要求，90%以上的职业院校建成不低于《职业院校数字校园建设规范》要求的数字校园，各地普遍建立推进职业教育信息化持续健康发展的政策机制；数字教育资源更加丰富，数字教育资源基本覆盖职业院校公共基础课程和各专业领域，政府引导、市场参与的数字教育资源共建共享平台、认证标准和交易机制初步形成；应用水平显著提高，网络学习空间全面普及，线上线下混合教学模式广泛应用，自主、泛在、个性化的学习普遍开展，大数据、云计算等现代信息技术在职业院校决策、管理与服务中的应用水平普遍提升；信息素养全面提升，信息技术应用能力提升培训实现常态化，职业教育行政管理者和院(校)长的信息化领导力、保障支撑队伍的技术服务能力、教师的信息化教学能力和学生的信息素养全面提升。

二、全面落实推进职业教育信息化发展的重点任务

4. 提升职业教育信息化基础能力。广泛宣传和落实《职业院校数字校园建设规范》，采取"政府引导、标准引领、项目示范、分步实施"的方式，推进职业院校数字校园建设。加快建设具有职业教育特色的管理服务与资源服务信息化支撑平台。推动各地建设有线、无线一体化认证，高速、稳定、安全的校园网络，加强数字媒体制作室、数字化教室等教育信息化硬件基础建设，进一步优化职业院校信息化教学环境。在全国遴选推广一批示范性虚拟仿真实训基地，重点解决实训教学中"进不去、看不见、动不了、难再现"的难题。把信息化帮扶纳入职业教育东西协作行动计划，进一步加大政策、资金、技术、人才向中西部职业院校倾斜力度，采取送教上门、资源共享、教师结对等方式开展信息化帮扶，缩小区域间发展差距，实现职业教育信息化建设的均衡发展。

5. 推动优质数字教育资源共建共享。继续推进建设国家级职业教育专业教学资源库，引导各地各职业院校根据区域、行业特点建设和完善省级、校级资源库，突出资源库"能学、辅教"的功能定位。支持行业、企业与职业院校共同建设面向社会服务的企业信息库、岗位技能标准库、人才需求信息库、创新创业案例库等开放资源。根据需要，有序引导各地各职业院校开发基于职场环境与工作过程的虚拟仿真实训资源和个性化自主学习系统。探索建设政府引导、市场参与的数字教育资源共建共享平台，服务课程开发、教学设计、教学实施与教学评价。依托专业机构，建立健全共建共享平台的资源认证标准和交易机制,进一步扩大优质资源覆盖面,强化优质资源在教育教学中的实际应用。

6. 深化教育教学模式创新。开展信息化环境下的职业教育教学模式创新研究与实践,大力推进信息技术与教育教学深度融合。着力优化人才培养模式,建设适应信息化教学需要的专业课程体系,用信息技术改造传统教学。推进网络学习空间的建设与应用,加强教与学全过程的数据采集和效果分析。鼓励教师充分、合理运用数字教育资源开展教学,解决技能培养中的重点、难点问题。推广远程协作、实时互动、翻转课堂、移动学习等信息化教学模式,最大限度地调动学习者的主观能动性,促进教与学、教与教、学与学的全面互动,进一步提高教学质量与人才培养质量。

7. 加快管理服务平台建设与应用。鼓励职业院校建成集行政、教学、科研、学生和后勤管理于一体的信息服务平台,支持学校实施校企合作信息发布、项目管理、顶岗实习管理、人力资源信息管理、就业信息分析等。推进平安校园、节能校园平台建设,实现对校园安全、能源管理过程跟踪、精准监控和数据分析。推动职业院校加强管理信息化应用,做好信息采集、统计和更新工作,提高管理效能。统筹完善信息化管理服务平台建设,建立统一集中的基础数据库,提高全国职业教育数据共享水平。充分发挥管理信息系统在学籍管理、人员管理、资产及设备管理、日常教学、实习跟踪、流程监控等重点工作中的作用,提高教育行政部门管理、服务与决策水平,推动职业教育治理能力现代化。

8. 提升师生和管理者信息素养。将信息技术应用能力纳入教师评聘考核内容。开展以深度融合信息技术为特点的培训,帮助教师树立正确的信息化教学理念、改进教学方法、提高教学质量,提高教师信息技术应用水平。进一步完善信息化教学大赛制度,国家与地方每年举办职业院校信息化教学大赛,提高参与率,积极转化大赛成果并广泛共享。推动职业院校增加信息技术在基础类课程教学中的应用,加强学生使用信息技术的综合应用训练,提高各专业学生信息化职业能力、数字化学习能力和综合信息素养。开展管理人员教育信息化领导力培训,增强各级教育行政部门、专业机构和职业院校管理者的信息化意识,提升其规划能力、执行能力和评价能力。在职业院校推广建立校领导担任首席信息官(CIO)的制度,全面负责本校信息化工作;建立信息化部门和业务部门的分工协作机制,统筹规划、归口管理。各地要将职业教育管理部门和职业院校的信息化建设效果、信息化发展水平纳入管理者绩效考核。

9. 增强网络与信息安全管控能力。各地各职业院校要按照《网络安全法》等法律法规政策要求,建立主要负责人为第一责任人的网络安全工作体系,落实网络安全责任制。结合职业教育实际,制定并完善相关规章制度,开展多种形式的教育和培训。全面实施信息安全等级保护制度,制定方案,建立多层次网络与信息安全技术防护体系,按需配置网络与信息安全防护设备和软件,构建可信、可控、可查的网络与信息安全技术防护环境。完善各地各职业院校信息公开与发布的流程、职责及相关制度，向社会各界展示成果、提供服务，努力提升职业教育吸引力。各地要制定网络与信息安全应急预案，明确应急处置流程和权限，落实应急处置技术支撑队伍，开展安全应急演练，提高网络与信息安全应急处置能力。

三、着力完善推进职业教育信息化发展的各项保障措施

10. 明确发展责任。各地要把发展职业教育信息化纳入职业教育和教育信息化的总体规划，各地教育行政部门要加强区域统筹，组织、推动、落实、监管职业教育信息化各项工作。职业院校要深化信息技术在人才培养、技术技能传承和促进创新创业中的应用，加强优质数字教育资源的开发和使用。鼓励各类信息技术企业、专业机构、行业组织等积极有序平等参与职业教育信息化建设。支持社会组织开展战略研究，提供政策建议、决策支持和咨询评估。将教育信息化作为职业院校基本办学条件纳入办学评估指标体系并开展督导。引入第三方评测，建立科学的绩效指标体系，形成制度化的评估机制。

11. 健全工作机制。职业院校要健全信息化工作组织机构，建立信息化运维管理、安全保障、人员培训、经费保障等机制。将信息化教学研究列入职业院校科研课题，将信息化应用能力要求作为教师评聘考核的重要依据。职业院校要重视信息化专门人才的引进和培养，建立和完善信息化人才考评和激励机制，增强专业化技术支撑队伍服务能力。持续开展教育信息化专业人员能力培训，培养一批具有较强能力的信息化人才，形成结构合理的专业队伍。

12. 调动多方参与。通过生均拨款、专项经费、购买服务等方式，加大财政对职业教育信息化建设与应用的支持力度。充分发挥市场在资源配置中的决定性作用，鼓励社会资本参与职业教育信息化建设。建立健全相关信息化产品与服务的准入机制、知识产权保护机制和利益分配机制，调动参与各方的积极性。

13. 完善服务保障。鼓励各地各职业院校开展职业教育信息化的政策研究、应用研究以及相关标准规范研究，设立信息技术教育管理和教学改革专项课题，形成一批有利于职业教育信息化发展的研究成果。指导职业院校把信息化发展情况纳入年度质量报告。充分发挥信息化相关专业机构与社会组织的作用，建立信息技术交流及信息化应用推广平台，加强与行业、企业合作，定期举办职业教育信息化创新发展交流、研讨、培训以及典型应用的推广活动。

附录 2

教育部关于印发《职业院校管理水平提升行动计划（2015-2018 年）》的通知

教职成〔2015〕7 号

各省、自治区、直辖市教育厅（教委），计划单列市教育局，新疆生产建设兵团教育局：

  为深入贯彻落实全国职业教育工作会议精神和全国人大常委会职业教育法执法检查有关要求，推动职业院校以强化教育教学管理为重点，全面贯彻落实国家有关政策、制度、标准和要求，不断提高管理工作规范化、科学化、精细化水平，加快实现学校治理能力现代化，现将《职业院校管理水平提升行动计划（2015-2018 年）》印发给你们，请认真贯彻执行。

教育部
2015 年 8 月 28 日

职业院校管理水平提升行动计划

（2015-2018 年）

  提升管理水平是促进职业院校内涵发展的现实要求，是提高人才培养质量的重要保障。近年来，职业院校依法治校意识日益增强，管理制度不断完善，管理工作得到普遍重视。但是，与加快推进依法治教和治理能力现代化的新要求相比，职业院校在管理理念、能力和信息化水平等方面仍有差距。为全面贯彻落实《国务院关于加快发展现代职业教育的决定》和全国人大常委会职业教育法执法检查有关要求，落实国家有关职业教育各项决策部署，发挥管理工作对职业教育改革发展的推动、引领和保障作用，不断提高职业院校管理规范化、精细化、科学化水平，自 2015 年秋季学期起，倡导践行"改变从今天开始"，实施职业院校管理水平提升行动计划（2015-2018 年）（以下简称行动计划）。

一、总体要求

（一）指导思想

全面贯彻党的十八大和十八届三中、四中全会精神，深入贯彻习近平总书记系列重要讲话精神，落细落小落实《国务院关于加快发展现代职业教育的决定》，坚持依法治校，建立和完善现代职业学校制度，以强化教育教学管理为重点，进一步更新管理理念、完善制度标准、创新运行机制、改进方式方法、提升管理水平，为基本实现职业院校治理能力现代化奠定坚实基础。

（二）工作目标

经过三年努力，职业院校以人为本管理理念更加巩固，现代学校制度逐步完善，办学行为更加规范，办学活力显著增强，办学质量不断提高，依法治校、自主办学、民主管理的运行机制基本建立，多元参与的职业院校质量评价与保障体系不断完善，职业院校自身吸引力、核心竞争力和社会美誉度明显提高。

——政策法规落实到位。国家职业教育有关法规、制度及标准得到落实，质量意识普遍增强，办学行为更加规范，学校常规管理，特别是学生、课程教学、招生、学籍、实习、安全等重点领域的管理有效加强。

——管理能力显著提升。学校章程普遍建立，治理结构不断完善，管理队伍专业化水平大幅提升，信息化管理手段广泛应用，管理工作的薄弱环节全面改善，办学活力显著增强，管理规范、特色鲜明、办学质量高、社会声誉好的典型学校不断涌现。

——质量保障机制更加完善。职业院校管理状态"大数据"初步建成，学校人才培养工作的自我诊断、反馈、改进机制基本形成，政府、行业、企业及社会等多方参与学校评价的机制更加健全，职业院校教育质量年度报告制度逐步完善。

（三）基本原则

——规范办学，激发活力。确立管理工作在职业院校办学中的基础性地位，落实国家职业教育有关法规、制度及标准，全面规范办学行为，不断激发办学活力，切实提高职业院校依法办学的能力和水平。

——问题导向，标本兼治。以教育教学管理为重点，针对学校常规管理中的薄弱环节和突出问题，立知、立行、立改，对症施治、标本兼治，全面提高职业院校管理工作的有效性。

——活动贯穿，全面行动。设计和开展灵活多样的活动，以活动促管理、以活动促落实，推动职教系统全员参与。充分调动社会各方力量，积极参与行动计划的实施，形成推动职业院校管理水平提升的良好氛围和工作合力。

——科研引领，注重长效。结合不同区域实际和中高职特点，加强职业院校管理的制度、标准、评价等理论与实践研究，引导和帮助职业院校建立自我诊断、自我改进和自我完善的长效机制。

二、重点任务

(一)突出问题专项治理行动

职业院校要对照国家职业教育有关法规、制度及标准，围绕以下重点领域，结合学校实际，全面查摆管理工作中存在的突出问题，有针对性地开展专项治理系列活动。

——诚信招生承诺活动。加强招生政策和工作纪律的宣传教育，面向社会公开承诺诚信招生、阳光招生，规范招生简章，学校主要领导和招生工作相关人员签订责任书，不以虚假宣传和欺骗手段进行招生，杜绝有偿招生等违规违纪现象。

——学籍信息核查活动。全面落实学籍电子注册和管理制度，严格执行《高等学校学生学籍学历电子注册办法》《中等职业学历教育学生学籍电子注册办法》。充分利用学生管理信息系统，加强学籍电子注册、学籍异动、学生信息变更等环节的管理，注重电子信息的核查，确保学籍电子档案数据准确、更新及时、程序规范，杜绝虚假学籍、重复注册等现象。

——教学标准落地活动。按照《教育部关于深化职业教育教学改革全面提高人才培养质量的若干意见》等文件要求，完善学校专业人才培养方案，强化教学过程管理，组织开展教学计划执行情况检查，注重教学效果的反馈与改进，杜绝课程开设与教学实施随意变动等现象。

——实习管理规范活动。严格执行学生实习管理相关规定，强化以育人为目标的实习过程管理和考核评价，完善学生实习责任保险、信息通报等安全制度，维护学生合法权益，改变学生顶岗实习的岗位与其所学专业面向的岗位群不一致等现象。

——平安校园创建活动。加强学校安全管理，落实"一岗双责"责任制，建立健全安全应急处置机制和人防、物防、技防"三防一体"的安全防范体系，消除水电、消防、餐饮、交通和实训等方面的安全隐患。

——财务管理规范活动。严格执行国家财经法律法规，建立健全学校财务管理制度；增强绩效意识，夯实会计基础工作；严格预算管理，强化预算约束；建立完善学校内部控制机制，强化财务风险防范意识；加强学生资助等专项资金的过程控制，规范会计行为，防止和杜绝虚报虚列、违规使用资金等现象的发生。

各级教育行政部门根据实际，针对重点领域和共性问题，加强对职业院校开展专项治理活动的调研、指导和检查，督促学校落实专项治理行动的各项要求，并建立长效机制。

(二)管理制度标准建设行动

职业院校要加快学校章程建设步伐，建立健全体现职业院校办学特点的内部管理制度、标准和运行机制，不断完善现代职业学校制度。

——加快学校章程建设。依法制定和完善具有各自特色的学校章程，中职学校加快推进章程建设工作，高职院校完成章程制定工作，按要求履行审批程序并实施。以章程建设为契机，加大行业、企业和社区等参与学校管理的力度，不断完善学校治理结构和决策机制。

——完善管理制度标准。以学校章程为基础，理顺和完善教学、学生、后勤、安全、科研和人事、财务、资产等方面的管理制度、标准，建立健全相应的工作规程，形成规范、科学的内部管理制度体系。

——强化制度标准落实。加强对管理制度、标准的宣传和学习，明确落实管理制度、标准的奖惩机制，强化管理制度、标准执行情况的监督、检查，确保落实到位。

各级教育行政部门要为职业院校制定章程搭建交流、咨询和服务平台，推动形成一校一章程的格局；组织开展职业院校管理指导手册研制工作，为完善学校管理制度提供科学指导。

(三)管理队伍能力建设行动

职业院校要适应发展需求，遵循管理人员成长规律，以提升岗位胜任力为重点，制订并实施学校管理队伍能力提升计划，不断提高管理人员的专业化水平。

——明确能力要求。按照国家对职业院校管理人员的专业标准和工作要求，围绕学校发展、育人文化、课程教学、教师成长、内部管理等方面，结合学校实际和不同管理岗位特点，细化院校长、中层管理人员和基层管理人员等能力要求，引导管理人员不断提升岗位胜任力。

——加强培养培训。以需求为导向，以能力要求为依据，科学制订各类管理人员培养培训方案，完成一轮管理人员全员培训；搭建学习平台，建立分层次、多形式的培训体系，做到日常培训与专题培训相结合，在职学习与脱产进修相结合，理论学习与经验交流相结合，不断提升管理人员的敬业精神和业务能力。

——强化激励保障。坚持民主、公开、竞争、择优的原则，选拔聘用管理人员，拓展管理人员的发展空间和上升通道，形成有利于优秀管理人才脱颖而出的机制；积极推进以岗位能力要求为依据的目标考核，把考核结果与干部任免、培养培训、收入分配等结合起来，强化管理人员的职业意识，激发管理人员的内在动力。

各级教育行政部门要把职业院校管理骨干培养培训纳入国家和省级校长能力提升、教师素质提高等培训计划统筹实施，组织开展管理经验交流活动，搭建管理专题网络学习平台，为职业院校管理队伍水平提升创造条件。

(四)管理信息化水平提升行动

职业院校要以落实《职业院校数字校园建设规范》为重点,加快信息化技术系统建设,建立健全信息化管理机制,增强信息化管理素养和能力,促进信息技术与教育教学的深度融合。

——强化管理信息化整体设计。制订和完善数字校园建设规划,做好管理信息系统整体设计,建设数据集中、系统集成的应用环境,实现教学、学生、后勤、安全、科研等各类数据管理的信息化和数据交换的规范化。

——健全管理信息化运行机制。建立基于信息化的管理制度,成立专门机构,确定专职人员,建立健全管理信息系统应用和技术支持服务体系,保证系统数据的全面、及时、准确和安全。

——提升管理信息化应用能力。强化管理人员信息化意识和应用能力培养,提高运用信息化手段对各类数据进行记录、更新、采集、分析,以及诊断和改进学校管理的能力。

各级教育行政部门要加强统筹协调,加大政策支持和经费投入力度,加快推进《职业院校数字校园建设规范》的贯彻实施,组织开展信息化管理创新经验交流与现场观摩等活动,促进职业院校管理信息水平不断提高。

(五)学校文化育人创新行动

职业院校要坚持立德树人,积极培育和践行社会主义核心价值观,弘扬"劳动光荣、技能宝贵、创造伟大"的时代风尚,营造以文化人的氛围,从学校理念、校园环境、行为规范、管理制度等方面对学校文化进行系统设计,充分发挥学校文化育人的整体功能。

——凝练学校核心文化。总结体现现代职教思想、职业特质、学校特色、可传承发展的校训和校风、教风、学风等核心文化,形成独特的文化标识,并通过板报、橱窗、走廊、校史陈列室、广播电视和新媒体等平台进行传播,发挥其在学校管理中的熏陶、引领和激励作用。

——精选优秀文化进校园。弘扬中华优秀传统文化和现代工业文明,加强技术技能文化积累,开展劳模、技术能手、优秀毕业生等进学校活动,促进产业文化和优秀企业文化进校园、进课堂,着力培养学生的职业理想与职业精神。

——培养学生自主发展能力。创新德育实现形式,充分利用开学典礼和毕业典礼、入党入团、升国旗等仪式和重大纪念日、民族传统节日等时点,将社会主义核心价值观内化于心、外化于行。广泛组织丰富多彩的学生社团活动,深入开展学生文明礼仪教育、行为规范教育以及珍爱生命、防范风险教育,培养学生的社会责任感和自信心,促进守规、节俭、整洁、环保等优良习惯的养成,提升自我教育、自我管理、自我服务的能力。

各级教育行政部门要联合社会各方力量,因地制宜组织开展校训和校风、教风、学风及文化标识、优秀学生社团等遴选展示活动，持续组织"文明风采"竞赛等德育活动，推动职业院校文化育人工作创新，不断提高职业院校文化软实力。

(六)质量保证体系完善行动

职业院校要适应技术技能人才培养需要，不断完善产教融合、校企合作的人才培养机制，建立健全全员参与、全程控制、全面管理的质量保证体系。

——建立教育教学质量监控体系。确立全面质量管理理念，把学习者职业道德、技术技能水平和就业质量作为人才培养质量评价的重要标准，强化人才培养全程的质量监控，完善由学校、行业、企业和社会机构等共同参与的质量评价、反馈与改进机制，全面保证人才培养质量。

——完善职业教育质量年度报告制度。加强职业院校人才培养状态数据采集与分析，充分发挥数据平台在质量监控中的重要作用，进一步完善高职院校质量年度报告制度，逐步提高年度报告质量和水平；建立中职学校质量年度报告制度，国家中职示范(重点)学校自2016年起、其他中职学校自2017年起，每年发布质量年度报告。

各地教育行政部门要加大对本地区职业教育质量统筹监管的力度，建立和完善质量预警机制。省级教育行政部门要加强对本地区职业院校人才培养状态数据的审核，编制并发布省级职业教育质量年度报告。教育部定期组织质量年报的合规性审查，并将结果向社会公布。

三、保障措施

(一)加强组织领导

教育行政部门是组织实施行动计划的责任主体。教育部负责行动计划的总体设计、全面部署和监督指导，掌握重点任务推进节奏(重点任务分工及进度安排表见附件1)；省级教育行政部门要结合本地实际，研究制订行动计划实施方案并细化工作安排，将本地区行动计划实施方案报教育部备案，并加大统筹推进力度，加强对本行政区域各地市、县级教育行政部门组织实施行动计划和有关重点工作的检查指导。职业院校是具体落实行动计划的责任主体，根据行动计划整体部署，并结合学校管理工作实际，对照《职业院校管理工作主要参考点》(见附件2)，制订工作方案和年度推进计划，建立工作机制，明确目标任务和路线图、时间表、责任人，确保行动计划有序开展、有效落实。

(二)加强宣传发动

各级教育行政部门和职业院校要全面开展宣传教育活动，分层次、多形式地开展行动计划以及国家职业教育有关政策法规和制度标准的宣传解读活动，领会精神实质，明确工作要求，营造舆论氛围；创新宣传载体和方式，充分发挥专题网站、新媒体和公共数据平台等的作用，实施微学习、微传播，在各自门户网站设立"职业院校管理水平提升行动计划"专栏,并通过专家辅导、专题研讨和微电影、动画宣传片等师生喜闻乐见的形式,使国家有关职业院校管理政策要求入脑、入心;组织发动新闻媒体、社会团体和科研机构等各方力量,参与行动计划的宣传,不断扩大行动计划的参与度和影响力,形成实施行动计划的工作合力。

(三)加强督促检查

行动计划是现代职业教育质量提升计划的重要内容,各地各院校管理水平和质量将作为资金分配的重要因素。各级教育行政部门要建立督查调研、情况通报、限期报告、跟踪问效等制度,完善行动计划落实情况督促检查工作机制;职业院校要创新工作方法,采取实地检查、随机抽查、群众评议和走访行业企业、社区、家庭等方式,充分利用信息化等手段,全面了解和掌握职业院校管理工作实效,发现典型并及时予以总结推广,发现问题并迅速进行督促整改。教育部建立行动计划实施进展情况简报、通报和重大问题限期整改报告制度,并视情况组织专项督查;委托第三方依据学校管理工作实效及实施行动计划取得的实绩,分类遴选全国职业院校管理500强,充分发挥其示范、引领、辐射作用,确保行动计划提出的各项目标任务落到实处。

(四)加强指导服务

各级教育行政部门要发挥科研在职业院校管理中的引领作用,加强职业院校管理专家队伍建设,组织开展相关理论与实践研究,跟踪行动计划的实施进展情况,并及时提供专业指导;按照不同管理主题,广泛征集和宣传职业院校优秀管理案例。教育部组织专业力量设计面向学校管理者、教师、学生以及行业企业人员等的问卷,开展大样本网络调查,形成全国职业院校管理状态"大数据"及分析报告,为学校诊断、改进管理工作和教育行政部门宏观决策提供实证依据。

附录3

教育部办公厅关于做好扩招后高职教育
教学管理工作的指导意见

教职成厅函〔2019〕20号

各省、自治区、直辖市教育厅(教委)，各计划单列市教育局，新疆生产建设兵团教育局：

为贯彻落实《国家职业教育改革实施方案》及教育部等六部门印发的《高职扩招专项工作实施方案》，主动适应高职扩招后生源多元化、发展需求多样化对教育教学的新要求，保障质量型扩招，全面提高人才培养质量，现就做好扩招后高职教育教学管理工作提出以下意见。

一、激活改革发展新动力。以习近平新时代中国特色社会主义思想为指导，全面贯彻党的教育方针，解放思想，实事求是，抓住发展机遇，主动应对挑战，把高职扩招作为深化职业教育改革发展、提升教育教学质量的新动力，推动管理水平、学生综合素质、人才培养质量持续提升。针对退役军人、下岗失业人员、农民工、高素质农民、在职职工及应(往)届毕业生等高职扩招生源(以下简称扩招生源)教育教学，坚持标准不降、模式多元、学制灵活，坚持因材施教、按需施教，坚持宽进严出，严把毕业关口。以学情分析为基础，以培养方案为关键，以教师主导为重点，以管理创新为突破，以信息技术应用为手段，确保"教好""学好""管好"，实现高质量就业。

二、系统开展学情分析。各高职院校要充分考虑不同生源在成长背景、从业经历、学习基础、年龄阶段、认知特点、发展愿景等方面的差异性，通过问卷调查、座谈、访谈等形式，对学生学业水平、技术技能基础、信息技术应用能力、学习目的和心理预期等深入调研，开展有关测评，形成学情分析报告，提出有针对性的培养策略，充分挖掘扩招生源特长潜质，实施扬长教育，同时补齐短板。各省级教育行政部门要加强对高职院校的指导，及时收集汇总，掌握高职院校学情，形成本区域学情分析报告，为做好扩招后教育教学管理工作提供依据。

三、强化思想政治工作。加强思想政治教育和价值引领，贯彻中共中央办公厅、国务院办公厅《关于深化新时代学校思想政治理论课改革创新的若干意见》，严格落实《新时代高校思想政治理论课教学工作基本要求》，开齐开足思想政治理论课。充分发挥课堂教学主渠道作用，确保各类课程都要与思想政治理论课同向同行，形成协同效应。

结合扩招生源的经历特点，创新课程思政教学模式，积极开展实践教学，立足实际开设有关选修课程，确保思想政治教育取得实效。统筹推进针对各类生源的"三全育人"综合改革，强化职业素养养成和技术技能积累，将专业精神、职业精神和工匠精神融入人才培养全过程。悉心关注扩招生源的思想动态，深入细致做好引导和服务。

四、分类制订人才培养方案。各高职院校要认真落实《教育部关于职业院校专业人才培养方案制订与实施工作的指导意见》有关要求，依据学情分析报告，结合实际，分类制订专业人才培养方案，科学合理确定人才培养目标、人才规格、课程设置、学时安排、教学进程、考核方式和毕业要求等，统筹配置师资队伍、设施设备和教学资源。专业人才培养方案应按程序审定通过后发布执行，报省级教育行政部门备案，并通过学校网站等主动向社会公开。

针对扩招生源，鼓励实施灵活多元的教学模式，可实施弹性学习，最长不超过6年。确保总学时不低于2500，其中集中学习不得低于总学时的40%。与企业及其他院校合作培养的，专业人才培养方案由学生学籍注册学校负责牵头组织制订、审定。

五、打造适应扩招新要求的教师队伍。要针对扩招后教育教学新要求，加大教师培训力度，完善省级、地(市)级、校级教师培训体系，打造能够胜任面向不同生源实施教学和管理工作的教师队伍。推动教师转变观念、创新模式、改革方法与手段，增强适应和解决教学、管理、服务过程中的新情况、新要求的能力。

要引导高职院校组建由学校教师与行业企业专家组成的教师教学创新团队，积极应变、主动求变，分工协作开展模块化教学，建立导师制、师徒制，强化个性化教学。支持团队针对高职扩招开展教育教学研究与实践，定期开展教研活动，研究解决教学组织运行、课程结构内容、学生管理与考核评价等方面的新情况、新问题，关注扩招生源对教学内容、培养方式等方面的意见建议。

六、创新教学组织形式。要采取集中教学与分散教学相结合、校内教学与校外教学相结合、线上教学与线下教学相结合等方式，对非应届毕业生尤其是退役军人、下岗失业人员和农民工等应尽量单独编班或实施分层教学。指导高职院校实行学分制管理。鼓励校企联合开展培养，推行现代学徒制等培养模式。

对在岗职工可采用线上线下教学相结合的教学模式，工作日通过有关网络平台和教学资源线上学习，周末、节假日或晚间到学校或具备条件的企业教学场所集中面授和辅导，用好职业教育专业教学资源库等；对退役军人、下岗失业人员、农民工等，可根据行业企业生产规律，实施"旺工淡学"的错峰教学，"旺"季以企业实践为主，"淡"季以学校教学为主；对高素质农民、村"两委"委员、相对集中的在岗职工等，应积极做好"送教下乡"

"送教上门",根据实际情况设立"社区学区""企业学区",就近实施集中教学。

七、探索学习成果认定、积累和转换。鼓励高职院校开展1+X证书制度试点,按规定兑换学分,免修相应课程或模块。指导高职院校积极参与职业教育国家学分银行试点,为各类生源的学习成果认定、积累和转换提供便利。

扩招生源已有工作经历、相关培训经历、技术技能达到一定水平及在相关领域获得一定级别的奖项或荣誉称号的,经学校认定后可折算成相应学分或免修相应课程,并可调整有关教学内容或学时安排。有关高职院校应研究制订认定、转换规则和实施办法,经学校党委会议或校长办公会审定后发布实施,并通过学校网站等向社会公开。不得随意把未列入人才培养方案的企业工作内容、时间等折算抵扣学时学分。

八、严格教育教学管理。各省级教育行政部门要指导高职院校适应生源、教学组织形式、资源利用方式的新变化,优化资源配置,创新管理机制,健全管理制度,提高学校管理的信息化水平。要会同省级退役军人事务管理部门,加强退役军人生源的协同培养。充分发挥退役军人政治素质、意志品质、能力作风等优势,聘用符合条件的退役军人学生担任兼职辅导员,或参与校园安全管理、军训等工作。

各高职院校要根据《普通高等学校学生管理规定》,结合不同生源特点和培养模式要求,制订有针对性的学生管理办法,并报省级教育行政部门备案。坚持严格管理与精心指导相结合,为不同生源群体配备有一定阅历和工作经验的辅导员或班主任。在落实《职业学校学生实习管理规定》有关要求基础上,针对不同生源特点,灵活多样开展实践教学,集中安排实习和学生自主实习相结合,校企共同制订实习方案,创新实习管理方式,为学生投保实习责任保险。

九、建立健全质量评价体系。各高职院校要主动适应技术技能人才多样化培养需要,针对不同生源、不同学习时间、不同学习方式,改革学生学业考核评价方式方法,实行多元评价。结合课程特点和实际条件组织实施竞赛活动、技能抽查、学业水平测试、综合素质评价和毕业生质量跟踪调查等。不断完善内部质量保证体系和运行机制,做好各类生源学生的学习状态数据采集,根据反馈实时诊断、及时改进。

要全面考察学生的职业道德、职业素养、技术技能水平、创新创业能力,并把实现高质量就业作为检验人才培养质量的重要标准,做好毕业生的就业质量跟踪调查。严把毕业出口关,不得以任何原因、任何形式降低毕业要求,严禁实施"清考"。

十、加强组织领导和监督保障。各省级教育行政部门要加强对高职院校分类教育教学、管理服务的过程性监管,对专业人才培养方案制订、教育资源配置、信息公开、教学实施等情况,特别是对课堂教育教学过程开展检查,公布检查结果,并纳入有关考核评价。支持高职院校在教学场所、实训基地等方面做好条件保障,利用好晚间、周末、节假日等时间，提高教室、实训设施设备等资源使用效率。组织设立教改专项，加强教研科研课题研究，促进经验交流，及时总结经验，形成可复制、可推广的工作机制和模式。

各高职院校要将教育教学管理作为学校"一把手"工程，学校党委切实履行主体责任、院(校)长是第一责任人，学校有关部门和院系按职责分工，承担相应的管理责任。

附录 4

关于 2022 年职业教育重点工作介绍

教育部职业教育与成人教育司

过去的 2021 年，是职业教育发展史上具有里程碑意义的一年，主要标志是党中央、国务院召开了全国职业教育大会。这次大会，立足"两个一百年"奋斗目标的历史交汇点，高度评价了我国职业教育的战略地位，全面总结了我国职业教育的重大成就，系统梳理了我国职业教育的成功经验，科学分析了我国发展现代职业教育的历史机遇，全面部署了发展现代职业教育的政策举措。让我们倍感振奋的是，习近平总书记对职业教育工作作出重要指示强调，在全面建设社会主义现代化国家新征程中，职业教育前途广阔、大有可为，要求我们深化产教融合、校企合作，深入推进育人方式、办学模式、管理体制、保障机制改革，加快构建现代职业教育体系，培养更多高素质技术技能人才、能工巧匠、大国工匠。习近平总书记的重要指示，极大鼓舞了各地和职教战线抓住机遇、乘势而上、直面挑战、克难奋进的决心和信心。全国 18 个省（区、市）和新疆生产建设兵团相继召开职业教育大会，结合各地实际对新阶段工作作出部署。可以说，职业教育百花齐放、百舸争流的局面已经形成，稳步发展的良好态势逐渐呈现。

2022 年，是职业教育提质培优、改革攻坚的关键年。我们将深入贯彻落实习近平总书记关于职业教育工作的重要指示和全国职业教育大会精神，坚持稳中求进工作总基调，坚持面上推进和重点突破相结合，聚焦"提高质量、提升形象"这两大任务，落实好"三个文件"，突破"五大重点"，努力把习近平总书记对职业教育"大有可为"的殷切期待转化为职教战线"大有作为"的生动实践，以实际行动迎接党的二十大胜利召开。

一、关于两大任务

第一大任务：提高质量。改革开放 40 多年来，职业教育沿着规模与内涵两个维度同时发展，走过了三个阶段，也就是：上世纪 80 年代的中等职业教育恢复与发展阶段、上世纪 90 年代的规模稳定与内涵初建阶段、21 世纪以来的体系初步形成与内涵全面深化阶段。在"十四五"时期国家建设高质量教育体系的进程中，职业教育是短板，更是关键。习近平总书记对职业教育工作作出的重要指示，已经明确了职业教育高质量发展的基本方向和行动指南。孙春兰副总理在全国职业教育大会上近 40 次提到"质量"一词，强调要"牢牢把握教育质量生命线""牢牢把住质量关""提升人才培养质量"。我们要从类型特色、产教融合、校企合作、教学改革、打造品牌等方面，抓实抓好现代职业教育高质量发展的具体举措，切实提高职业教育的质量。

第二大任务：提升形象。形象是职业教育综合发展的外在显示，是职业教育自身发展水平以及社会对职业教育认可度的集中反映。"提升形象"就是要在提高质量的基础上，改变社会对职业教育的刻板印象，增强职业教育的吸引力，让学生家长选择职业教育，让用人单位依靠职业教育，逐步形成"上学选职业学校、技能提升找职业学校"的社会氛围，树立职业教育的好口碑。

总之，就是一句话，要让职业教育"有学头、有盼头、有奔头"。

二、关于"三个文件"

党的十九大以来，党中央、国务院推出了一系列职业教育改革发展的重大举措，主要集中在三个文件里。一是《国家职业教育改革实施方案》，二是《职业教育提质培优行动计划（2020—2023年）》，三是《关于推动现代职业教育高质量发展的意见》。这三个文件的内在逻辑，就是从深化改革到提质培优，再到高质量发展，既相互衔接，又逐级递进，明确了"十四五"期间职业教育改革发展政策框架。今年，我们把狠抓落实作为头等大事，一方面，健全部、省、校协同推进机制，细化分工、建好台账，将责任传导到职教战线的"神经末梢"，把改革任务落细落小落地；另一方面，加强激励引导、强化制度保障，充分调动各方面积极性、主动性、创造性，扩大发展职业教育的总体效应。

一是坚持不懈抓好《国家职业教育改革实施方案》落实。这个文件是由国务院印发，主要提出了一系列解决长期制约职业教育发展体制机制难题的政策措施，明确了深化职业教育改革的路线图。我们将坚持加强部门沟通、加大制度供给，逐个疏通制约职业教育改革的深层次障碍，逐项落实"职教20条"提出的各项任务。

二是强力推进《职业教育提质培优行动计划（2020—2023年）》落细落小。这个文件由国务院职业教育部际联席会议九部门联合印发。我们将压实地方和学校主体责任，指导各地各校落实好承接的任务和项目，对执行情况进行绩效评价，并作为考核省级政府履行教育职责和遴选职业教育领域新一轮重大改革试点项目的重要参考。

三是创新机制推动《关于推动现代职业教育高质量发展的意见》落地生根。这个文件是中央办公厅、国务院办公厅印发的全国职教大会配套文件，主要从巩固职业教育类型定位出发，对接教育强国建设和《中国教育现代化2035》的总要求，对建设高质量职业教育体系作出总体安排。我们将一方面压实地方主责，提出定量定性相结合指标，确保国家职业教育改革精神不衰减、不走样；另一方面，深化和扩大部省共建职教高地，激发地方改革活力，逐步形成"一省一策""一市一策""一县一策""一校一策"的工作格局，并及时把地方出台的好政策、形成的好经验，提炼转化为制度规范。

三、关于"五大突破"

第一项突破：推动职业本科教育稳中有进。全国职教大会后，职业本科教育"是什么""怎么办""办成什么样"成为职教战线和全社会关注的热点。我们认为，发展职业本科教育是教育外部需求和内部需要共同作用的必然结果，既是满足经济社会发展对高层次技术技能人才的需要，又是回应广大人民群众对高质量就业和教育的需求，也是顺应世界职业教育和高等教育发展趋势。今年，我们将落实好习近平总书记"稳步发展职业本科教育"的指示和孙春兰副总理的高起点、高标准、高质量要求，重点抓三件事。一是强化顶层设计。制定指导意见，明确职业本科教育的办学定位、发展路径、培养目标、培养方式、办学体制，引导学校在内涵上下功夫，提升办学质量。二是科学设置。完善职业本科学校设置标准和专业设置办法，支持符合条件的国家"双高计划"建设单位独立升格为职业本科学校，支持符合产教深度融合、办学特色鲜明、培养质量较高的专科层次高等职业学校，升级部分专科专业，试办职业本科教育。三是打造示范标杆。以部省合建方式"小切口""大支持"，遴选建设10所左右高水平职业本科教育示范学校，打造标杆、提振信心、改变形象、趟出路子。目前全国专升本的比例已达20%，下一步我们将力争让更多的职业学校毕业生接受高质量的职业本科教育。

第二项突破：推进中等职业教育多样化发展。教育服务产业链全链条离不开中等职业教育；现代职业教育体系建设，需要中等职业教育更好地发挥基础性作用。没有哪个国家，没有中职就能发展好高职的。当前，中职教育主要存在办学定位不适配，办学规模大而不强，办学条件缺口大等问题。针对这些问题，今年我们着重抓四件事。一是调整定位。中等职业教育是职业教育的起点而不是终点，推动中职学校多样化发展，从单纯"以就业为导向"转变为"就业与升学并重"，抓好符合职业教育特点的升学教育，在保障学生技术技能培养质量的基础上，加强文化基础教育，扩大贯通培养规模，打开中职学生的成长空间，让中职学生就业有能力、升学有优势、发展有通道，这既是党和政府的要求，也是人民群众的迫切期望，更是产业发展对人才层次高移的现实需要。二是优化布局。通过撤销、合并、转型、托管、土地置换、集团办学等措施，整合"空、小、散、弱"学校，优化中职教育的布局结构。三是落实达标。会同相关部门实施"中职学校办学条件达标工程"，全面核查中职学校基本办学条件，实现2023年学校教学条件基本达标。四是培育示范。会同相关部门实施"优质中职学校和专业建设计划"，集中力量建成一批具有示范引领作用的优质中等职业学校和品牌专业，示范带动中职教育质量总体提升。我们想通过这些工作，用3到5年时间，建成1000所左右的国家级优质中职学校，示范带动中职教育整体管理规范、质量合格，引导学生家长理性选择。

第三项突破：使"职教高考"成为高职招生主渠道。考试招生是牵动职业教育改革的"牛鼻子"，是优化类型定位、畅通学生升学通道的关键。自2013年教育部印发《关于积极推进高等职业教育考试招生制度改革的指导意见》以来，山东、江苏、江西、四川、重庆、福建、安徽等地已经对"职教高考"进行了试点，取得了良好的效果和经验。今年，我们将在总结地方实践经验基础上，完善"职教高考"的顶层设计，更好地发挥"指挥棒"的作用。重点做好三件事：一是加强考试制度和标准建设，确保考试严谨有序、安全规范、公平公正。二是优化"文化素质+职业技能"结构比例和组织方式，为学生接受高等职业教育提供多种入学方式和学习方式。三是扩大职业本科、职业专科学校通过"职教高考"招录学生比例，使"职教高考"成为高等职业教育招生，特别是职业本科学校招生的主渠道。推动建立省级统筹、综合评价、多元录取的"职教高考"制度，改善学生通过普通高考"千军万马过独木桥"的问题，中考分流压力和"教育焦虑"得到有效缓解，职业教育中高本一体化培养模式基本形成。

第四项突破：推动职业教育数字化升级。教育数字化既是大势所趋，又是当务之急，给职业教育的变轨超车带来了历史机遇。我们将在前期工作基础上，在教育部总体布局下，按照"需求牵引、应用为王、成熟先上、技术保障"工作原则，以平台升级、资源开发为内容，以条件硬化、应用优化、质量强化为目标，促进职业教育数字化转型整体跃升。一是建设职业教育数字化"1+5"体系，即职业教育决策大脑系统和决策支持中心、专业教学资源中心、精品在线开放课程中心、虚拟仿真实习实训中心、职业学校治理能力提升中心，以数字化转型整体驱动教学模式和治理方式变革。二是持续开发优质数字教学资源，构建国家、省、校三级资源库互为补充、使用广泛的应用体系，继续面向量大面广的专业课分级遴选一批在线开放课程，推动建设数字化、融媒体教材，加快虚拟仿真实训基地建设，启动职业学校信息化标杆学校建设试点，不断夯实职业教育信息化工作基础，服务高质量发展。

第五项突破：打造职业教育内涵建设工作闭环。内涵建设是职业教育实现高质量发展的根本要求和必然路径，今年重点抓四件事：一是加强标准建设，发布《职业教育专业目录（2021年）》配套的专业简介、教学标准、公共基础课程标准、实训教学条件建设标准和岗位实习标准，指导学校创新德技并修育人机制，落实好立德树人任务。二是优化专业布局，指导各地制订本区域"十四五"期间职业院校专业布局结构优化调整方案，扩大制造业等重点领域，家政、养老、托育等民生紧缺专业设置及人才培养规模。三是健全质量保障体系，引导和支持学校全面建立常态化的教学工作诊断与改进制度，完善政府督导评估制度，在评估指标上突出职业教育特色，在评估结论上强化职业教育社会贡献。四是深入落实《职业学校学生实习管理规定》，指导各地制订具体实施方案，开展实习专项治理，提高实习管理信息化水平，对违规行为严肃处理。

附录5

教育部等五部门关于印发《职业学校办学条件达标工程实施方案》的通知

教职成〔2022〕5号

各省、自治区、直辖市教育厅(教委)、发展改革委、财政厅(局)、人力资源社会保障厅(局)、住房和城乡建设厅(委、管委、局)，新疆生产建设兵团教育局、发展改革委、财政局、人力资源社会保障局、住房和城乡建设局：

现将《职业学校办学条件达标工程实施方案》印发给你们，请结合实际认真贯彻执行。

教育部 国家发展改革委 财政部
人力资源社会保障部 住房和城乡建设部
2022年11月2日

职业学校办学条件达标工程实施方案

为贯彻落实全国职业教育大会精神和2022年《政府工作报告》，进一步优化职业教育布局结构，全面改善职业学校(含技工学校，下同)办学条件，提高办学质量、提升办学形象，制定本方案。

一、总体要求

(一)指导思想

坚持以习近平新时代中国特色社会主义思想为指导，全面贯彻落实党的二十大精神，全面贯彻党的教育方针，落实立德树人根本任务，科学规划职业学校布局，夯实各级各类办学主体责任，不断加大制度创新、政策供给，持续加强学校基础能力建设、提升学校办学水平、激发学校办学活力，不断优化职业教育类型定位，切实增强职业教育适应性，办好人民满意的职业教育。

(二)基本原则

中央支持，地方为主。中央、地方、学校三级联动，加强指导督导和过程监测，压实省级统筹和学校举办者主体责任，强化协调配合，提升工作效率，保质保量落实目标任务。

规划先行，分类推进。统筹考虑教育发展趋势和人口规模，实事求是制定工作方案，健全标准体系，坚持高质量发展、分类实施、分步推进，强化激励考核机制。

优化存量，做优增量。推进区域职业教育资源整合、优化布局、共建共享，盘活资源，落实新增教育资源向职业教育倾斜政策，整体提高办学实力和水平。

固基提质，重点突破。以服务教学为中心，硬件建设与内涵建设并重，聚焦土地、校舍、教师、设备等关键要素，优先补齐短板，提高资源投入产出效益。

(三) 总体目标

通过科学规划、合理调整，持续加大政策供给，使职业学校布局结构进一步优化，办学条件显著提升，师资队伍水平整体提高，职业教育办学质量和吸引力显著增强。各省、自治区、直辖市和新疆生产建设兵团职业学校办学条件重点监测指标全部达标的学校比例，到2023年底达到80%以上，到2025年底达到90%以上。

二、重点任务

(一) 整合资源优化布局

各地要统筹区域职业教育资源，结合区域经济社会发展需求，采取合并、集团化办学、终止办学等形式，优化职业学校布局，合理确定招生规模。在教育资源投入中，优先保障职业学校基本办学条件达标工作。对办学质量差、社会不认可、各项指标严重不达标的学校要依法进行合并或终止办学。对拟集团化办学学校，须在校园、校舍、师资、仪器设备等方面开展实质性共建共享，并整体考核办学条件。对拟合并学校，须根据相关规定及时变更备案信息。对拟终止办学的学校，应关闭学籍系统账号，适时撤销组织机构，并做好师生安置。边远脱贫地区要稳定规模，城市中心区要提质扩容，建设好一批符合当地经济社会发展需要的中等职业学校。

(二) 加强职业学校基础设施建设

各地要全面核查职业学校基础设施，针对拟保留学校，要分类制定办学条件补齐方案。地方有关部门在制定教育用地规划时向职业教育倾斜，在用地指标达标的前提下大力加强职业学校基础设施建设，简化职业学校新建或改扩建增容建设项目审批程序，支持职业学校快速补齐土地、校舍缺口和解决历史遗留问题。对于中等职业学校的校园占地和校舍建筑，学校独立产权部分应占一定比例，确需租赁的，租赁期限应与学校办学规划相匹配，并以协议或补充协议等方式加以保障，具体要求由各地自行确定。学校举办者要加大投入，加强职业学校基础设施建设，全面消除危房，落实学校校舍、教室和实验(实训)室标准化建设。学校要按照国家、地方相关标准，科学制定和落实学校事业发展规划，确保学校基础设施与办学规模相适应。

(三)优化职业学校师资队伍建设

各地要按照职业学校师资配备标准,用好盘活事业编制资源,优先支持职业教育。在选人用人上进一步扩大职业学校自主权,在教师招聘、教师待遇、职称评聘等方面,允许学校自主设置岗位,自主确定用人计划,自主确定招考标准、内容和程序。通过"编制周转池""固定岗+流动岗""设置特聘岗位"等方式,吸引优秀人才从事职业教育工作,推动企业工程技术人员、高技能人才与职业学校教师双向流动。

(四)改善职业学校教学条件

各地要加强教育相关公共基础设施建设,汇聚各方资源建设一批集实习实训、社会培训、技术服务于一体的高水平实训基地。鼓励企业以设备捐赠、场所共享等方式支持和参与举办职业教育,并在企业落实社会责任报告中反映有关投入情况,受赠设备应按要求纳入学校资产管理、计入事业统计数据。产教融合型企业享受组合式激励政策可适当与企业相关投入挂钩。职业学校要按照达标要求,配齐配足图书、计算机、实训设施等,加快设备更新和管理,及时将新工艺、新技术、新设备引入教学,提高校内校企实训基地利用率。在满足学校基本办学条件的基础上,要对照有关标准和教学条件的基本要求,逐步改善专业教学条件。

(五)多渠道筹措办学经费

各地补齐办学条件缺口要优化整合存量资源,共享共用公共教育资源,确需财政增加投入的,坚持量力而行、尽力而为。地方发展改革部门要做好项目立项、审批等工作。职业学校要用足用好地方专项债券、预算内投资、外国政府贷款、国际金融组织贷款等政策资金,调整优化校内支出结构,在保障学校正常运转经费基础上,把支持学校发展的资金更多用于办学条件达标工作。鼓励各地探索社会力量多元投入机制,建立健全职业学校股份制、混合所有制办学的相关制度。在不新增地方政府隐性债务的前提下,支持职业学校利用经营收入与金融机构开展信贷业务合作,吸引更多社会资金流向职业教育,用于改善办学条件。

三、组织实施

(一)加强组织领导

各地要发挥地方党委教育工作领导小组作用,统筹规划辖区内职业学校建设发展,建立职业学校办学条件达标协调机制,成立达标工作专班,按照学校隶属关系,落实举办者主体责任,确保各项政策措施全面落实到位。

(二)制定工作方案

各地教育部门和人力资源社会保障部门按职责分别牵头,会商发展改革、财政、住房和城乡建设等部门，对照职业学校办学条件重点监测指标（附件1），在全面调研摸底的基础上，根据区域人口结构、经济发展基础和学校办学条件现状，制定达标工作实施方案（参考模板见附件2），明确工作目标、落实举措、进度安排、资金来源等，报请地方党委教育工作领导小组审议后，于2022年12月30日前报送教育部（各地技工学校达标工作实施方案报人力资源社会保障部）。

（三）强化政策保障

财政部、教育部在安排现代职业教育质量提升计划资金时，将各地达标工作作为重要考虑因素。国家发展改革委教育强国推进工程资金支持改善职业学校办学条件。各地要加快出台职业学校办学条件达标配套政策，有效配置土地、资金、编制等公共资源，为实现办学条件达标提供保障。各职业学校要用足用好相关政策，统筹资源，加大投入，确保按时完成办学条件达标工作。

（四）加强考核激励

教育部和人力资源社会保障部按职责分别牵头建立职业学校办学条件达标调度机制，通过中等职业学校管理信息系统、全国技工院校信息管理系统、高职院校人才培养状态数据采集与管理平台和实地抽检定期调度。国家将各地职业学校办学条件达标情况纳入省级人民政府履行教育职责评价和职业教育改革成效明显激励省份考核。地方将达标情况作为对市、县级党委和政府及其主要负责人进行考核、奖惩的重要依据。2023年起，每年对各地各校达标情况进行通报，各地工作成效作为国家新一轮职业教育改革项目遴选的重要依据。到2025年底仍不能达标的学校，要采取调减招生计划等措施。

后 记

在完成这部关于职业教育与教育教学管理建设模式研究的专著之际,我深感欣慰和自豪。这本书的出版汇聚了我多年的研究心得与实践经验,不仅是我个人学术成果的体现,更是对我国职业教育与教育教学管理建设模式研究的一次尝试和探索。在此,我要向所有支持和帮助过我的人表示衷心的感谢。希望为我国职业教育与教育教学管理建设模式的发展贡献自己的一份力量。本著作由北京青年政治学院学术著作出版基金资助。

职业教育作为培养技术技能人才的重要途径,其发展状况直接关系到国家经济社会的可持续发展和高质量发展。当前,随着科技的飞速进步和产业结构的不断调整,社会对技术技能人才的需求日益旺盛,职业教育的重要性也愈发凸显。然而,职业教育在发展过程中仍然面临诸多挑战,如教育资源分布不均、教育质量参差不齐、教育体系与市场需求脱节等。针对这些问题,本书从教育教学管理的角度出发,深入探讨了职业教育的发展模式与路径。

我国有万余所职业院校,每年有近千万的毕业生走向社会。2022年8月,教育部发布的《中国职业教育发展白皮书》显示,职业教育为国家输送了大量高素质技术技能人才。然而,职业教育在发展过程中仍然面临诸多挑战。

在撰写过程中,我深感学术研究的艰辛与乐趣。通过深入研究,我试图将理论与实践相结合,提出一些具有针对性的教育教学管理策略。同时,我也意识到,职业教育的发展是一个系统工程,需要政府、学校、企业和社会各界的共同努力。只有各方齐心协力,才能够推动职业教育持续健康高质量发展。

我的家人始终是我坚强的后盾,他们无微不至的关怀和支持是我完成这部著作的动力源泉。家人一直给予我无私的关爱和支持,让我能够全身心地投入到学术研究中。虽然这本书已经完稿,但职业教育与教育教学管理建设模式的研究仍然任重道远。在今后的工作中,我将继续努力,不断提高自己的学术素养和研究能力,努力完善自己的学术体系。由于个人研究能力和时间有限,本书还存在许多不足之处。在未来的研究中,我将继续关注职业教育与教育教学管理的发展动态,以期为该领域的发展做出更大的贡献。

最后,衷心希望这部作品能够引发更多人对职业教育与教育教学管理的关注与思考,共同为我国职业教育的繁荣与发展贡献力量。